**DEPPHJÄRNAN:** Varför mår vi så dåligt när vi har det så bra?

# 你的大腦有點Blue

## 史上最舒適年代，為什麼還是焦慮不安？

**安德斯・韓森**（Anders Hansen）／著　崔宏立／譯

獻給

漢斯・歐克・韓森（一九四〇～二〇一一年）

凡尼亞・韓森

伯恩・韓森

在大腦出現之前，宇宙間沒有痛苦和焦慮。

——羅傑・斯佩里（Roger W. Sperry，神經生理學家）

〈推薦序〉

# 替你的負面情緒，找到存在的意義

蘇益賢

在了解人類行爲時，脈絡（context）是很重要的。把右手高舉，可能是在招呼公車；可能是教室裡想提問的孩子；也可能只是因爲肩頸痠痛了，而想伸展身體。在閱讀安德斯．韓森的《你的大腦有點Blue》之前，先稍微記得這樣的觀念，應該會讓讀者更容易理解本書的核心概念。

在本書中，作者帶領讀者以「演化」的脈絡，重新理解人生而有之的情緒與感受，特別是那些讓人深感痛苦、揮之不去，被貼上負面標籤的情感，如：焦慮、恐慌、憂鬱，乃至於孤寂。這些被現代醫學視爲目標，**阻礙人們過著幸福快樂日子的壞東西**，本該是醫師與病人一起攜手消滅的頭號敵人。但在演化的脈絡裡，這些負面情緒反倒搖身一變，成了立意良善，**只是想幫助人類存活下來的保護與求生機制**。

想像一下，在你出生之後，就會拿到一本老天爺寫好的《大腦使用手冊》。這本冊子將詳細告訴你：大腦主要功用是什麼、在操作與使用上，要留意什麼地方；以及，在你遇到疑難雜症時，可以透過哪些方法來排解大腦常出現的問題。

如果真有這樣的手冊，在你認真翻閱時，你會先訝異的發現，這本《大腦使用手冊》版本也太舊了吧！它的第一版，居然是印製於西元前二十五萬年，那個原始人還在靠狩獵與採集過活的日子。讓你更訝異的是，這本一開始寫給原始人的手冊，從那時發行到現在，老天爺也沒有改版過。儘管物換星移，人類已從狩獵採集社會，發展到工業與資訊社會了，老天爺在我們身上安置的大腦器官，並沒有因此而有所調整。

同時，稍加想像一下原始人那時的生活環境，也把這個脈絡放在心中。在那個年代，最容易因爲風吹草動而焦慮的人，反倒是最可能採取行動，因而活下來的人。原來，這些**讓我們不舒服的情緒，一開始的用意都是「保護」**，透過引發不舒服的感受，引起人類關注，進而採取必要行動，確保生命安全。

作者在書中一一檢視不同負面情緒，如何能以演化的新脈絡，重新找到另一種理解的觀點。在閱讀本書時，我彷彿找到了知音，這些思維與我在從事助人工作時，詮釋負面情緒的角度不謀而合。

在陪伴因負面情緒而困擾的個案時，我常使用「恐怖箱」的比喻來帶著個案反思負面情緒。讀者可以回想一下，很久以前的綜藝節目裡，常有這種箱子，藝人要在不知道箱子裡裝著什麼的情況下，把手伸進去觸摸裡頭的東西。

我們在諮商裡要面對的議題，就好像這個恐怖箱。而它讓我們不舒服的主要原因之一，就是因爲我們對它不甚了解。倘若，我們能掀開恐怖箱外頭那層黑布，清楚看見箱子裡頭的內容，相信它帶來的恐怖感會減少許多。**因爲理解，而能改變自己看待事物的觀點與感受，正是諮商的重要功能之一**。

在看完本書後，讀者也會發現，原來恐怖箱眞正會讓人不舒服、害怕的最深層原因，其實不是因爲裡頭裝了變色龍或老鼠等的「外在事物」，而是因爲我們人類擁有大腦——一個發展於演化背景下，重視存活，甚至因此犧牲幸福也在所不惜的器官。

讀過本書，相信你能**爲生命中必然出現的負面情緒重新找到意義，並有機會與之和平共處**。

（本文作者爲臨床心理師、「心理師想跟你說」共同創辦人。專長爲情緒心理學、心理治療，著有《練習不快樂?!》等書。）

〈推薦序〉

# 只要說出來，就會有幫助

陳志恆

自從我走向心理諮商這一行之後，就不斷被問到，當人遇到煩惱或情緒困擾時，找專業人員談談，眞的會有效嗎？

當然有效。而且，你甚至不需要找心理專家，找個身旁溫暖與值得信任的人，訴說一下，都會有幫助。尤其是，曾經歷重大創傷事件，而出現的身心不適，更要試著說出來。

很多人對這樣的說法，感到很不以爲然。

有一次，有個朋友向我提起，他的家人在朋友的邀請下，去參加一個心理成長課程。每次上課時，常被邀請分享自己親身經歷過的悲慘事件，每個學員都哭得很慘。

朋友告訴我，他實在不解：「他的心情已經很差了，不是應該接收點正能量嗎？不斷說出自己的痛苦際遇，等於是赤裸裸地把傷口給剝開來，何苦呢？」

**訴說創傷經歷確實很痛苦，但卻是邁向療癒不可缺的一環**。爲什麼？

《你的大腦有點Blue》這本書告訴我們，人類大腦的設計，是爲了生存與繁衍，不是爲了追求快樂。我們的祖先在原始叢林裡，通過重重考驗，好不容易才存活下來並繁衍後代，而有今天的我們。

所以，我們都是倖存者。

然而，要成爲這樣的「天選之人」，代價就是，得時時刻刻對外界的風吹草動，保持高度警覺。**你不能太樂觀，更不能過度放鬆；因爲，當威脅來臨時，你得立即反應**。

這還不夠，就算你很安全，也得假設危機四伏，不怕一萬，只怕萬一。帶著這樣的遺傳基因，來到了史上最安全的年代，就算沒什麼好煩惱的，許多人仍然沒來由地感到焦慮不安或心情沮喪。

同樣地，當我們遭受攻擊時，身體會動員巨大的能量，唯一目標就是讓我們存活下去。當我們脫離險境後，身體仍然處在驚魂未定之中，就好像壞掉的鬧鐘一般，持續鈴聲大作來提醒我們，威脅仍如影隨形。嚴重的話，就會出現創傷後壓力症候群（PTSD）或者複雜性創傷後壓力症候群（CPTSD）的相關症狀。

「說出來」之所以有效果，是因爲訴說時，透過回想過去經歷，帶著自己的身體去重新經歷一次創傷事件。但不同的是，這次你是處在安全、受保護的環境之下，**在被傾聽、被理解與被支持的氛圍之中。你的大腦會知道，現在是安全的，可以慢慢關掉警報器了**。

訴說，幫助讓我們改變了與悲慘際遇之間的關係。而訴說也意味著，我們身旁有著人際連結。健康的人際關係，能減少憂鬱症發生的機會；這意味著，我們在群體中是安全的，能提高生存機率。

《你的大腦有點Blue》這本書實在精采，作者從生物演化與生存適應的角度，剖析情緒運作機制；**那些生活中的困擾情緒，都是爲了生存與繁衍而生，同時也是我們不快樂的來源**。

光是理解這一點，我們就能平常心看待生活中沒來由的情緒起伏，從焦慮與憂鬱情緒中暫時解脫。

（本文作者爲諮商心理師、作家、長期與青少年孩子工作的心理助人者。曾任中學輔導教師、輔導主任，目前爲臺灣NLP學會副理事長。著有《脫癮而出不迷網》《正向聚焦》《擁抱刺蝟孩子》《受傷的孩子和壞掉的大人》《叛逆有理、獨立無罪》《此人進廠維修中》等書）

〈推薦序〉

# 人類為何憂鬱？

謝伯讓

過去很多人誤以爲憂鬱症只是一種單純的心理問題，甚至視憂鬱爲人格上的缺陷。但是當腦神經科學和生理學的知識越來越充沛之後，人們發現憂鬱症很有可能是大腦生病的表現。然而，焦慮和憂鬱眞的是大腦生病的結果嗎？有沒有可能，憂鬱既不是人格問題，也不是大腦生病，而是大腦演化出來的一種保護機制？

從歷史的角度來看，人們對於憂鬱的理解，一直抱持著負面的態度。二十世紀初期的佛洛伊德認爲，憂鬱是人對自我（ego）的一種病態抑制和反噬。到了二十世紀中末，人們也仍普偏認爲憂鬱是一種自身失敗和人格缺陷，許多人對自己的憂鬱感到羞於啓齒，並對他人的憂鬱表露鄙視和排擠。憂鬱，可謂汙名甚重。

## 憂鬱是大腦生病？

到了二十一世紀初期，在生理學與腦科學的快速發展下，人們對憂鬱的看法終於稍有改觀。各種生理上的證據和理論指出，憂鬱很有可能是身體和大腦生病的表現。首先是遺傳學的證據發現，如果一等親有憂鬱症，那你罹患憂鬱症的機率就會比一般人高出將近三倍。此外雙胞胎的研究也發現，當雙胞胎手足其中一人有憂鬱症時，另一位手足的共病率也高達三十％。在生理方面，用來解釋憂鬱症的經典生理假說認爲，憂鬱症是因爲血清素的功能低落並導致大腦運作出錯。研究也發現，憂鬱症時常會併發在有慢性疼痛、糖尿病，以及心血管疾病等一些慢性病人身上，而且憂鬱症病人的HPA軸系統（下視丘、腦下垂體、腎上腺系統）也常常出現異常，這顯示出憂鬱症和身體，以及大腦皆有密切關係。

## 憂鬱是免疫異常？

最近的研究甚至發現，憂鬱可能和免疫系統有關。二〇一三年的一項針對丹麥十萬人口的健保資料調查發現，罹患自體免疫疾病的病人（例如第一型糖尿病和紅斑性狼瘡這類因免疫系統攻擊自己身體所引發的疾病），比較容易出現憂鬱症。此外也有醫學案例顯示，小朋友在鏈球菌感染之後，有時會突然出現憂鬱和強迫症（潔癖與強迫洗手）的行爲。有些專家認爲，此現象可能是因爲身體在受傷感染後會產生大量的細胞介素來增強免疫，而當細胞介素影響到大腦時，就會產生憂鬱或是強迫症的行爲。透過解剖憂鬱症病人的大腦，也可發現病人腦中的微膠細胞有活化的現象，由於微膠細胞就等於腦中的巨噬免疫細胞，所以這也是支持憂鬱症和免疫有關的證據。

## 憂鬱其實是演化而來的保護機制？

然而，上述諸多關於憂鬱和生理之間的相關性，眞的就表示憂鬱是大腦生病嗎？是否有其他可能的解釋，能夠說明人類爲什麼會憂鬱呢？擅長以演化角度來理解大腦的精神醫師韓森認爲，憂鬱其實並不是大腦生病，而有可能是大腦演化出來的一種保護機制。

韓森主張，在人類演化的早期，面對身體受傷感染的最佳應對行爲，或許就是透過哀傷和退縮的心理來促使自己離群索居，這樣心理和行爲有兩個好處，第一、是保存體力休養生息。第二、是讓自己身上的病菌不至於擴散而感染整個族群，導致團滅。從這個角度來看，憂鬱並不是大腦「生病」的結果，而是大腦在偵測到身體生病時所做出的一種自然「保護機制」。

這時大家可能會懷疑，但是現代社會中的許多人，既沒有身體受傷也沒有感染病菌，爲什麼還會感到憂鬱呢？根據統計，全球重度憂鬱症者超過兩億人，一生中至少罹患一次的人數甚至超過六億人。如果再加入輕度憂鬱，那人數更會增至兩倍以上。這麼多的憂鬱人口，難道都是身體生病所致？對此韓森認爲，普世憂鬱的現象並非眾人皆病，相反的，這其實是大腦由「面對受傷感染」轉變爲「直接面對壓力」的一種合理保護反應。

此話怎解呢？韓森主張，在人類早期的演化過程中，通常只要出現身體上的逆境（受傷和感染），就有很高的機率會死亡，正因爲如此，「極力避免受傷和感染」就成了大腦的首要目標。而大腦的應對作法，便是在身體還沒出現受傷感染之前，就事先透過巨大的心理壓力來提升免疫系統，以預防即將到來的生理逆境。這套預防性的心理壓力機制，曾經幫助人類熬過險惡的原始環境，而我們每一個人，都傳承了這套古老的應對機制。

時間一轉眼來到現代社會，原始的環境瞬間物換星移，但我們的大腦卻仍在執行著來自遠古過去的同一套策略。也因此，當各種來自生活、工作和同儕比較的長期壓力出現時，大腦就會誤以為我們即將面對受傷與感染，於是大腦就製造出憂鬱的心情，協助我們透過退縮去逃離壓力來源以便恢復生息。弔詭的是，現代人並沒有正視憂鬱、並沒有聽從大腦發出的警告訊號而去遠離和解消壓力的來源。相反的，部分的現代醫學卻把憂鬱當作是一種生理病變，並透過藥物強壓症狀，這種削足適履式的治標捨本作法，顯然無法根治憂鬱。

演化生物學家多布然斯基（Theodosius Dobzhansky）曾說：「生物學的一切都沒有道理，除非以演化的角度視之。」人類的心理學亦然，或許唯有透過演化的視角，我們才能參透大腦與心靈，才能洞見憂鬱的本質。

（本文作者為台大心理系副教授、認知神經科學暨腦科學家。專攻研究主要為大腦、認知與意識，是台灣少數不斷致力於科普教育，並提筆撰寫的科學家。主要作品有《大腦簡史》《都是大腦搞的鬼》等）

# 開卷之前，你得先知道的事

本書要探討的重點在於，為什麼即使大環境如此美好，卻有這麼多人似乎得要承受心理健康問題的困擾。書裡處理的是較輕微的憂鬱症及焦慮症，但是並不會涉及雙極性情感疾患（俗稱躁鬱症）或是思覺失調症（俗稱精神分裂症）。這麼做是出於兩個原因：首先，雙極性情感疾患和思覺失調症太過複雜，遠超過一本科普書所能探討的範疇。其次，當代社會所見逐漸增加的心理健康問題，往往是較為輕度的心理疾患。思覺失調症以及嚴重的雙極性情感疾患並沒有增加，因此本書所強調的論點無法適用。

透過這本書，我要提出的是一種以生物學角度看待人們身心健康的方法，這方法是我從多年行醫經驗習得，也曾幫助過許多人。如果你覺得心情低落，請尋求協助，因為真的有人可以幫上你的忙。還有，如果你是因為某種精神疾病必須服用藥物，一定要諮詢你的主治醫師。

〈前言〉

# 為什麼大環境如此美好，我們卻感覺糟？

很有可能你偶爾也會覺得心情低落。也許是輕微程度的焦慮而心神不寧，或者三不五時覺得排山倒海的恐懼感襲來，讓你完全難以招架。也許到了某一天，萬事萬物都失去意義，幾乎難以自己離開床鋪。想想看，這實在是有點奇怪，因爲我們的大腦是這麼神奇這麼先進，應該有辦法應付種種困境……理論上是無所不能。

不斷變動、不斷發展的大腦，是由八百六十億個神精元組成，彼此之間以超過一百兆條神經連結，交織成錯綜複雜的網絡，掌管著所有人體器官，處理、解讀、排定不斷流入的感官印象。你的大腦可以儲存的資訊量等同一萬一千間收藏豐富的圖書館，因爲你的記憶力實際上就能記得這麼多。而且，只需不到一秒的時間你就能找出最相關的資訊，即使存進大腦之後已經過了好幾十年，還可以將此資訊與目前所遇到的狀況搭上線。

這麼一來，如果你的大腦能有這種本事，爲什麼沒辦法做到「讓人無時無刻都心情大好」之類的簡單小事？爲什麼大腦一定要堅持破壞你的情緒狀態？如果考慮到我們是生活在一個前所未見的富足年代，是史上任何一位國王、皇后、皇帝或法老王都難以匹敵的優渥，這道謎題就又更加難解了。世上許多地方，飢餓和戰爭已成過眼雲煙，人們比過去活得更久、更健康，而且要是覺得有那麼一丁點無聊的話，全世界全體人類的智慧、你所想得到的娛樂，只要在鍵盤上敲一敲全都會來到你面前。

然而，即便人類的生活不曾如此美好過，卻還是有很多人過得跌跌撞撞。幾乎沒有一天不見令人心驚的報導，聲稱心理健康問題有所增長。瑞典國內，八位成年人就有一名正在服用抗憂鬱藥物。世界衛生組織（WHO）估計，全世界約有兩億八千四百萬人患有焦慮症，而有兩億八千萬人得到憂鬱症。恐怕不出幾年，憂鬱症所導致的全球負擔，將會遠遠超過其他病症。

那麼，**爲什麼大環境如此美好，我們卻感覺糟呢？在我行醫生涯當中，這問題一直縈繞心頭，揮之不去。**難道這兩億八千四百萬人的大腦生病了？是否八分之一的成年人天生缺乏某種神經傳導物質？直到我了解不可單純從人類目前境遇做推論，還得考量人類的演化歷史，這才想到一個嶄新思考方式。這取向不僅讓人們更加深入理解情感生活，更開啓改善情感生活的嶄新道路。

我認爲，**在大好時光裡心情大壞，原因就在於我們已經忘掉自己是生物；我們已經忘記什麼東西會讓人開懷**。正因爲如此，本書將從神經科學的角度探討人們的情感生活與福祉，弄清楚爲何大腦會以它獨特的方式運作。依據成千上萬病人的治療經驗，我親眼目睹這理論是多麼的有價值，它讓人們有了更深見識，曉得若想盡可能擁有好心情，必須如何設定輕重緩急。它也讓我們更認識自己，如此又能讓我們更善待自己。

首先，我們要瞧瞧一些常見心理衛生問題（憂鬱症和焦慮症）的腦中變化，並且弄懂爲何這有時也代表著一種健康的狀況，而非病態。接著我們要將注意力轉向，看看有哪些作法可用來處理這些狀況。在這之後，我們會探討是否現代人眞的感覺要比前人更糟，還有，對於人類情感生活的生物學觀點，有什麼方法可以改變這個現象。最後，我們將會試圖準確指出是什麼事能讓人們過得幸福、快樂起來。

不過那就需要從最開頭的地方出發——眞的開頭之處。

Topic

為什麼大環境如此美好，我們卻感覺這麼糟？在我行醫生涯當中，這問題一直縈繞心頭，揮之不去。

## 第四章 憂鬱症

## 第五章 孤寂

## 第一章

# 我們是倖存者

滅絕才是規矩。倖存算是例外。

——卡爾・薩根（Carl Sagan，天文學家）

不妨讓我們來做一次思想實驗，把時鐘往回調個大約二十五萬年，並且傳送到東非。

在這兒我們遇見一位女士，就叫她伊娃好了。

大致上來說，伊娃的外表看來就和你、我沒什麼差別；她和另外將近一百人共同生活在一起，過著採集可食植物、狩獵野獸的生活。伊娃生了七個小孩，其中有四個不幸早夭：一個男孩一出生就死了；一個女孩患了嚴重感染；另一個女孩摔死；還有一個男孩長到十多歲時捲入爭端被殺死。不管怎樣還是有三個小孩長大成人，他們再繁衍出八個小孩，也就是說伊娃有八名孫子。這些孫子當中，有四名長大成人，然後又有了自己的小孩。

如此反覆過了一萬代，就是伊娃的曾曾（曾……）孫。是誰呢？不就是你、我嗎？少數那幾位沒有死於出生之初，即使受到感染也都痊癒了，更沒有因受傷流血而亡、飢餓而死、被人殺害或是慘遭掠食動物咬死……我們就是這些少數人的後代。代代相傳，**你、我可一路往上追溯到戰火將息，疫病、大飢荒過去，依然存活下來的這些人**。

只要想到這一層，很顯然地，你的祖先不可能是在生下孩子留有後代之前就已身亡。不過，這當中還留下了沒那麼顯而易見的後果。要知道，伊娃的後代中，凡是能夠機敏應付危險，對於叢林裡的風吹草動（說不定是獅子躲在那兒呢）特別留神提防的那些人，生存下來的機會又更大些。而且，由於你、我都是這些倖存者的後代，**我們自然也都對危險保有高度警覺性**。同理，祖先當中免疫系統強大的，就比較有機會挺過傳染病而倖存下來。正因爲如此，**我們多半擁有優良完善的免疫系統**，即使每年二月花粉熱的季節來臨時，有些人可能不覺得自己的強大免疫系統有多好。

以上推理還有個更進一步的結論，是和我們的心理素質有關。可想而知，伊娃的後代中，**誰的心理素質可幫他們存活，就有更大機會留下子嗣**，也就是因爲這個緣故，你、我依然保有同樣的這些特質。

一位接著一位的這一長串倖存者名單中，並沒有誰是在生殖繁衍後代之前就被獅子咬死，或是不小心跌落山崖，或是死於飢餓，理當造就出一批超人。我們應該像得過兩次諾貝爾獎的居禮夫人一樣聰明，像精神領袖甘地一樣有智慧，還跟電視影集《反恐任務》領銜的主角鮑爾（Jack Bauer）一樣酷。

可是我們眞的有這麼厲害嗎？

# 適者生存

「適者生存」這個說法，會讓我們想到以下印象：不論身體還是心理都處於頂尖狀態。然而，如果談的是人類的演化，所謂「適者」並不等於良好身心狀態，才讓我們成爲目前所生存環境的最適者。因此，我們並不能以目前所處的這個世界爲標準，去檢視哪些特質有助於祖先們生存、繁衍，反倒是應該置於人類歷史長河所歷經的脈絡當中加以考察。

伊娃的孩子並不必然要強壯、健康、快樂、和善、調適得宜或是心思聰穎；依據演化的殘酷邏輯，只有生存、繁衍兩件大事。只要把這觀念弄懂，就能對人類的看法全然改觀。**我們的身體是爲了生存、繁衍而設計，並不是爲了追求健康；我們的大腦是爲了生存、繁衍設計，並不是要追求個人福祉**。要知道，我們的感覺、你所成爲的那種人，是否有朋友、食物、一片遮蔽風雨的屋頂或是其他資源——如果你小命不保的話，一切都無關痛癢了。大腦的最高指導原則就是要生存。因此問題就應該是：大腦該保護我們避免什麼事情？下頁的表格大致讓你有個概念，曉得在歷史長河當中人類都是死於何事何物，你和祖先們又是躲過什麼活了下來：

| 社會型式 | 時期 | 出生時的預期壽命 | 最常見死因 | 占人類歷史百分比 |
| --- | --- | --- | --- | --- |
| 狩獵採集 | 西元前二十五萬～前一萬年 | 約三十三歲 | 感染、飢餓、謀殺、失血、生產 | 九十六% |
| 農業 | 西元前一萬～西元一八〇〇年 | 約三十三歲 | 感染、飢餓、謀殺、失血、生產 | 三·九% |
| 工業 | 西元一八〇〇年～一九九〇年 | 三十五歲（一八〇〇年）七十七歲（一九九〇年） | 感染、生產、汙染、心臟病發作、癌症 | 〇·〇八% |
| 資訊 | 西元一九九〇年～ | 八十二歲（歐洲，二〇二〇年） | 心臟病發作、癌症、中風 | 〇·〇二% |

這時你大概會想，「這又和我有什麼關係？我又不是狩獵採集者。」當然不是，但你的身體你的大腦依然這麼認爲。

要知道，演化如此緩慢，在一個物種裡要出現重大變化，若不用幾十萬年也得耗費好幾萬年的光陰。對人類來說也是如此。你我所習慣的生活方式，在人類歷史中只不過是轉眼一瞬間，具體成型的這段期間太短了，不足以讓人類的身體有時間接納適應。

所以說，即使你的臉書個人檔案欄可能寫著職業是教師、保育員、系統工程師、銷售員、水電工、計程車司機、記者、廚師或醫師，若按純粹生物學的用詞應該說——你是一位狩獵採集者，因爲**你的身體和大腦在過去一萬年，甚至是兩萬年內並沒有重大變化**。

關於人類這個物種，我們所知道的最重要大事就是：人類實在是少有變化。有記載的人類歷史可往前溯及大約五千年前，而且至少再兩倍以上的時間，都是由諸如你我這樣的人所構成，而這些人呢，就和你我一樣，全都是狩獵採集者。

那麼，我們眞正過的這種生活應該會變成怎麼樣呢？

## 二十五萬年濃縮在兩分鐘內

我們很容易就會對狩獵採集者過的生活方式產生浪漫遐想，以爲就像是《頑童歷險記》裡的哈克那樣，生活充滿冒險，住在窄小、緊緊相連、不分彼此的社群中，整個世界一片祥和。然而實際上，很可能其實這些人的生活往往在許多方面過得十分悲慘。平均壽命大約三十歲左右，這倒不是說每個人到了三十歲就必死無疑，但是有許多人年紀輕輕就早逝。多達一半的人還沒能長到十歲之前就夭折了，通常是在出生之際或由於感染所致。好不容易活到成年的呢，則是時時刻刻活在種種威脅的陰影下：出血、脫水、動物攻擊、各種病毒感染、意外事故或遭人殺害。只有少數人能有辦法活到現代人的退休年齡，然而，確實是有狩獵採集者可以活到七十甚至八十以上的高壽。老年這件事本身並非什麼新鮮事，但是有很多人能夠延年益壽的現象，卻是新近年代才出現。

大約一萬年前發生了一件事，可算是人類祖先生活方式的一項重大鉅變：人們成了農耕者。但是人類並非一夜之間從擲矛射箭改成拽耙扶犁；游牧生活轉變爲農耕生活的逐漸變化，前後歷經了好幾個世紀。農耕者的生活狀況可以簡單總結如下：過得更加悲慘。平均壽命大約三十歲，而且無法避免的種種死亡威脅依然沒變，也許差別只在於死於飢餓的風險較低。反倒是謀殺逐漸成了常見死因，大概是因爲儲存食物、收獲物資的方式得到改善，有更多東西讓人彼此你爭我奪。社會階級區分更加明顯，除此之外還出現了好多種傳染性疾病（本書稍後會再談到這點）。工作所需的任務越來越枯燥乏味，工作時間越來越長。飲食的種類更加單一少變化，多半是由穀物組成，一日進食早、午、晚三餐。

多位偉大的歷史學家和思想家都說過，轉換成農業社會算得上是人類所犯的最大過錯。要是這事眞是錯得離譜，爲何我們還要做出如此改變？主要理由大概在於：相同一塊地域裡農業能夠生產出的可攝食能量要比狩獵大得多。而且，如果你需要餵養的人口浩繁，根本沒那個工夫去抱怨飲食缺乏變化、工作單調無趣，或者有人把你辛苦搜集而來的東西一把搶過去。

更多可攝食能量就表示有更多的人可以塡飽肚子，而且，一旦不需要每個人都把時間花在尋找糧食，就能夠開始專業化。技術發展飛速成長，人類社會變得越來越複雜。這一切加起來，就導致人口爆炸性成長。一萬年前，在還沒這樣轉換成農業之前，地球上有五百萬人。到了一八五〇年，即工業革命前夕，這數字來到了十二億：四百個世代之後增長三萬倍！

不過，讓我們回過頭來看看伊娃的時代，就是我在本章開頭談到的例子，要是試著告訴她，她想像得到的種種威脅將來都幾乎一掃而空，她的曾、曾、曾（一路算下去）、曾孫將會活在一個致命疾病難得一見的世界，幾乎沒有誰需要爲了提防野獸攻擊而徹夜不眠，而且婦女因生產而死亡的事例也變得罕見。還有，全球各地都有富含能量的食物，就連枯燥無聊都不存在，人類只需要動動手指各式各樣的娛樂全都隨招隨到……

我想伊娃恐怕會以爲我們在開她玩笑。但是，若我們能夠設法說服她相信自己未來的後代可如此自誇自豪，大概就能滿心歡喜地相信她所承受的苦難總有一天可以得到如此甘甜回報。然而，要是我們又接著告訴她每八人就有一人會感到心情低落需要靠藥物治療，恐怕她難以理解的部分還不只「藥物治療」這個詞語而已，她可能還會罵我們不知感恩。

我們的確不知感恩，不曉得自己所擁有的是多麼的棒？每當我莫名感到有些失意沮喪時，確實會覺得自己不知感恩。我所遇到的病患之中，即使需求已經得到滿足，卻感到憂鬱而爲之內心羞愧的人不在少數，多到我都已經不再去計算數量了。然而事情並沒有這麼簡單。就像之前說的，你我都是倖存者的孩子，或許心情好並非倖存與否的關鍵所在呢。

由此我們了解到，如果說人類的演化史或許就是從生物遺傳上把我們設計得會遇到健康困擾，而且**焦慮和不安成爲人類存活下來不可缺少的關鍵要素**，恐怕乍聽之下會令人感到沮喪。但我們依然有辦法能讓自己好過一點，本書隨後將詳加檢視。首先，我們必須了解究竟爲什麼人會有快樂、擔憂、無所謂、不安、喜悅、焦躁、無情以及狂喜等諸多感受，像機器人那樣過日子不是很容易、很簡單嗎？是的，爲什麼人會有感受？

Topic

人體是為了生存、繁衍所設計，不是為了追求健康。
人腦是為了生存、繁衍所設計，不是為了追求幸福。

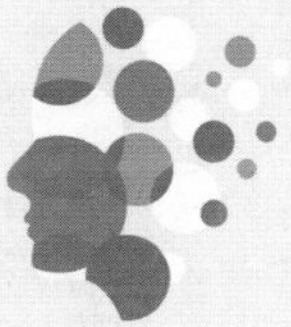

# 第二章

# 感受從何而來？

人類並非有感覺的思考機器，而是會思考的感覺機器。

——安東尼奧・達馬吉歐（Antonio Damasio，神經科學家、作家）

你剛下了班，趕著回家。一走出辦公室發現天空烏雲密布，瞬間下起了傾盆大雨，這十一月的天氣愛怎樣就怎樣，根本不管你是怎麼想的。今晚你還有至少兩個小時的工作等待處理，可是在這之前你得先去托兒所接女兒回家，還要順路去超市一趟。還要把髒衣服送洗——你有預訂今晚要用的自助洗衣機吧，有嗎？不過，滾筒烘衣機不是壞了嗎？想到這，是不是應該要……？當你下班要過馬路時，滿腦子都在想著別的事情。

突然間，就好像有一股無形的力量讓你往後跳了一下，恰好有輛公車就從眼前呼嘯而過。你驚呆地站在原地，整個人像是凍結在馬路邊——要是在往前十幾公分你就會被公車輾過。

呼，眞是千鈞一髮呢。周遭並沒有人注意到剛才發生了什麼事，可是對你而言整個世界都爲之靜止。雨水夾雜著汗水，心跳加速驚魂甫定，你了解到自己差那麼一點就嗚呼哀哉小命不保。我就曾經這樣逃過一劫。好在沒事，因爲有東西在後頭負責控制，當你滿腦子只想著工作期限、自助洗衣，還有滾筒烘衣機之際，有個東西拉了你一把，下令要你往後退一步。

那個拉你一把的隱形幫手只有杏仁那般大小，深深埋在顳葉內。這東西名爲杏仁核（amygdala），掌管許許多多的心理程序，和腦部其他位置有很多連繫，也曾經被視爲大腦的「黑幫老大」。杏仁核最重要的工作之一，就是要處理由感官送來的訊息，檢視你的環境、找尋哪裡有危險。與視覺、聽覺、味覺和嗅覺相關的感覺印象眞的就是直接送到杏仁核，在這些訊息由大腦其他部分處理之前，由它負責找出你所見、所聞、所嚐、所感的究竟是什麼東西。

大腦的架構如此安排，是因爲從眼睛送來的視覺訊息，經由視神經通往枕葉的視覺皮質部要花費零點幾秒鐘。要過那麼久之後，你才曉得自己見到了什麼。在緊急情況下，這短短零點幾秒就會是生死之別。因此，如果感官印象事關緊要，杏仁核就可以搶在大腦其他部分之前先做出反應——舉例來說，就像是有輛公車對著你衝過來。一旦杏仁核按下警報鈕，你就會往後退而且體內的壓力荷爾蒙也會釋放出來。把這程序稱之爲情緒反應也是順理成章，而你所踏出的那一步當然就是動作。在此同時，當你曉得自己方才僥倖與死神擦身而過、沒被輾斃，所感覺到的害怕恐懼主觀經驗，就稱之爲感受。總結如下：**先有情緒和動作，接下來才是感受**。當你曉得自己方才僥倖逃過一劫的時候，杏仁核的啓動會在你內心產生一股恐懼感受；讓我們更仔細檢視一下這個過程。

# 外在世界與內在世界

我們說大腦會對環境做出反應，往往想到的是周遭的實際物體——例如迎面而來的一輛公車。此外還存在算是同等重要的另一個世界，而且我們的大腦一直都很密切地監控著它：內在世界。大腦最有意思的一個部分就深藏於顳葉裡：我們稱之爲腦島。腦島的功能就像是某種堆疊站，接受來自身體的種種訊息，像是心跳速率、血壓、血糖及呼吸頻率等。它也會接收來自感官的訊息，因此，腦島就是外在世界和內部世界交會之處，我們的感受就是由此而來！

感受並不僅僅是對於周遭發生的事情做出反應，還會持續湧現；感受是由大腦製造的，它將周遭發生的情況和內心產生的情況合併起來。運用這些資料，大腦就會試著要我們採取行動，確保能夠生存下來。究其根本，**感受只有一個目的：發動行爲**，藉由如此作法，讓我們可以存活，然後能夠傳宗接代。

## 不插電，全自動化的智能系統

每一秒鐘，雙眼送到你大腦裡的訊息至少有一千萬個位元。就好像有一條粗大的超級光纖，時時刻刻送來視覺印象。好幾條同樣粗大的電纜也提供來自聽覺、味覺和嗅覺的印象，在這之外還有來自身體每一個器官的訊息。你的大腦根本就是被訊息淹沒，雖說它的運算能力好到幾乎難以想像，但還是會出現瓶頸，那就是你的注意力。

每個時刻你只能專注於一件事情，因此，你的大腦幾乎都是在你不知不覺中完成一切工作，以感受的方式提供你工作總結。我們可以把注意力比擬爲一間大企業的CEO，如果CEO要求一組員工檢視某件重要的事項，而他們回覆的是十五份文件，那麼CEO會說：「我沒時間看這個。請用半張紙做結論，告訴我應該怎麼做。」我們的感受就是一份這樣的結論，依據這份報告指導行爲。

## 你的大腦長得和我不一樣

正如同我們的臉孔、體形外表各不相同，大腦當然也不一樣。人與人之間大腦差異最懸殊之處，腦島的大小算是其中一項。接收來自身體的訊息並將之轉換成感受，腦島扮演了關鍵角色，許多研究者認為上述尺寸差異就表示我們經驗到的身體訊息有所差異。對於某些人來說，內部印象的音量旋鈕會被調大，就會遇上消化不良、脈博加速或特別難挨的背痛；對另一些人而言，那音量旋鈕被調小的話，他們就幾乎不會注意到這些刺激物。人們對於身體訊號做出反應的此等差異，有部分也許可歸因於腦島的尺寸各有不同。

腦島尺寸以及其活性差異是否和人格特質有所關聯，目前也有些相當有趣的研究正在進行。舉例來說，所謂的神經質（這項人格特質會影響到個體對於負面印象將如何反應）似乎就和腦島的活性有關。腦島的尺寸及活性有所差異，和不同個性特質大有關係，而且影響到我們對於身體信號的反應會有多強烈，這或許會讓我們誤以為有一種所謂的「正常」腦島。事實上根本就沒有這種東西，同理也不存在所謂的「正常」大腦。人類這種群居的生物，每一個人的大腦就該彼此各不相同。同一個族群當中表現出多種不一樣的特質和感受，這對人類能否存活下來至關重要。

## 從香蕉樹到料理檯

大腦並不僅是爲了避開迎面駛來的公車，才生成感受以指導我們的動作行爲；當我們活著的時候，只要還清醒著就無時無刻一直在生出感受。讓我們再舉一個例子，不像公車迎面衝來那般戲劇化。假設你剛走進家裡的廚房，看到檯面上放了一根香蕉，你舉棋不定、難以抉擇是否要把它吃掉。大腦會怎麼處理這一類的日常決定？這麼說好了，首先大腦需要衡量香蕉的能量和營養成分。接下來它得搜集情報，了解你體內的營養成分儲備量是否需要補充。還有，香蕉是否爲達成上述目標的最佳物質。

可見，若是我們每次想吃點東西解解饞都得有意識地做出這類計算，很快就會把腦力耗盡。所以大腦就幫忙做了決定，根本不需要讓你知道。它將所有因素綜合起來考量，得到答案，這時你的感受開始發揮作用。答案是以感受的形式提出：你感到飢餓所以吃了那根香焦，或者感到飽足就放棄不吃。

可是，如果伊娃（本書一開始就出場的那位女士）面對一個情境要決定是否應該爬上這棵香蕉樹，可能就得衡量一大堆額外的因素：樹上有多少香蕉；樹上香蕉的數量和尺寸；自己的營養儲備量是否充足，或是她已極需進食；還有她要爬上香蕉樹所需的體能狀態。她也還得考慮風險，例如像是香蕉樹長得多高、看起來很難爬上去，或者在那區域會不會有其他掠食者。

顯然，伊娃並沒有拿出紙筆（更不會有什麼EXCEL試算表）來做計算；她做的就和你在自家廚房一樣。她的大腦做了計算，然後以感受的形式提出決定。若是受傷的風險很小，而且樹上滿是果子，或能量需求很強烈，她就會感覺自己天不怕地不怕，並且決定往上爬。但是如果風險高，可得的獎賞很小或能量儲存已滿，答案就可能會是她感到害怕或已飽足的感受，而且很可能會離開此處，不去碰那些香蕉。

雖然你在廚房裡或在樹下所做的計算程序基本上一模一樣，卻有個重大差別：你在廚房裡的計算是對是錯並不要緊，因爲就算你決定不要吃那根香蕉，之後都還可以回過頭來拿。可是呢，伊娃並沒能享有這項優勢。若她算出來的結果有所偏差，傾向於經常甘冒風險，假以時日這樣魯莽的行動將會把她害死。反過來，如果她的計算結果有所偏差，傾向於絕對不去犯難涉險，極度小心謹慎反而讓她冒著飢餓至死的風險。人類的祖先當中，唯有其感受提供正確指引的那些人（我所謂「正確」的意思是鼓勵生存、繁衍）才有辦法活下來，把自己的遺傳基因傳下去。同樣道理一直延續不絕，一代接著一代，千年接著千年。

正如我們所見，感受並不是什麼都沒有也無所謂的模糊現象。它們是由大腦製造，目的在於指導人類的行爲，而且是經幾百萬年演化的殘酷揀選所精鍊而成。至於逼我們朝向「錯誤」行爲的感受——再強調一次，以生存角度認爲是「錯誤」——早就從我們的基因庫剔除，因爲擁有那些感受的人們一個都沒有存活下來。生物學上來說，**感受就是數以千百萬計腦細胞交換生化物質，促使我們比較容易可促進生存、繁衍的那些行爲**。或者，換個更爲詩情畫意的講法，感受是來自過往萬千世代的呢喃，它們設法排除一切困境險阻，克服飢餓、傳染病和意外死亡。

## 「從此過著快樂的生活」是有多難？

剛才所描述的狀況，有助於理解爲何人類無法一直都維持好心情。假設伊娃想要爬上那棵樹，還設法拿到了幾根香蕉。之後心滿意足地找了個位子舒舒服服的躲進去。但是，她感到滿足能撐多久？出乎你的意料，並非每次都那麼長久。要知道，若她由於以上的努力獲得滿足且長達好幾個月，她就不再有動機出去尋找更多食物，很快的就會餓死了。

這表示，**幸福的感受應該來得快去得快，要不然就不符合其目的了**——就是要能驅使個體採取行動。大部分的人當然會發現，這個感受好得太過頭了。我們認爲，如果工作上能夠得到晉升加薪、買了新車、年收加倍、浴廁更舒適，就會對目前的人生境遇感到滿意。可是如果上述某項期待實現了，甚至全都得到滿足，結果卻是感受很快被一股嶄新的渴求取代，還想要獲得更進一步晉升，或是更優渥的薪資。正如我們所知，欲望永遠沒有盡頭！我們所認爲的人生最重要的大事當中，「求生存」通常傾向於排在最優先項目。然而，這個狀態只不過是人類演化工具箱裡的眾多工具之一。既然是個工具，如果不是那麼短暫來去匆匆的話，就無法發揮作用。因此，期待總是能夠感受很棒，正如同期待檯子上那根香蕉可以讓你吃了之後此生永遠飽足一樣不切實際。人類的生物學構造並不是這樣打造而成。

反正，如果我們把頭蓋骨掀開往裡頭瞧瞧，和我們想像不同的事情可不只有感受這一項。心理學及神經科學的研究已經發現，大腦會更動我們的記憶。**大腦對於**

**難以接受的眞相會視而不見**，如此有助於人類歸屬於一個大群體。大腦會騙我們，讓我們覺得自己要比實際狀況來得更好、更有能力、更外向，而且有的時候甚至也會騙我們以爲自己一無是處、一文不值。大腦並不會讓我們經驗到世界原本的實際模樣；**它還有個重要得多、狹隘得多的任務在手——求生存**。因此，大腦呈現給我們看的世界，就是爲了能在其中生存下去我們所必須見到的那副模樣，而這就導致我們會遇上最糾結的情緒障礙：焦慮。

Topic

究其根本，感受只有一個目的：發動行為，藉由如此作法，讓我們可以存活，然後能夠傳宗接代。

# 第三章
# 焦慮與恐慌

我這一生當中曾經歷一些可怕的事情，而有些其實已經發生了。

——馬克．吐溫

你絕對曾經感到焦慮。爲什麼我會這麼肯定？因爲這就像飢餓、疲勞那般自然而然，是人類生物設計的一部分。焦慮是一種強烈的不適感——感覺到有什麼事情不對勁。借用一位非常有智慧的病人說的，**焦慮感覺起來就像是「想要脫去自己這身臭皮囊。」**如果有誰說他心情感覺極糟，往往就是焦慮在作怪。

我們會遇到不同程度、不同形式的焦慮狀況。有些人苦於持續、低強度的焦慮，就好像有什麼東西在那兒，讓他們無法感到完全自在。對其他人來說，焦慮可能是突然出現、而且很強烈。還有些人的焦慮會和一些特定事物相關，例如在大庭廣眾之下講話。也有些人則覺得會遇上各種可能發生的災難事件，比如搭乘的飛機會墜毀、孩子會被綁架，或是會被迫失業，而必須賣掉房子等。

描述焦慮的最好方式就是說它有如一種「先發制人的壓力」。如果老闆在工作時對你大呼小叫，你當然會感到有壓力。但是如果你這麼想：「要是老闆在工作時對我大呼小叫怎麼辦？」那就是焦慮了。我們大腦與身體的反應基本上是完全相同，差別在於**壓力是被威脅引發，而焦慮是被潛在的威脅引發**。實務上，每個人的焦慮都有其個人模式，不過分析出最重要的因素，任何焦慮都是大腦要警告我們有啥事不對勁的方式——也就藉此引發壓力系統。這所謂「啥事」也許既模糊又不實際。顯然，大腦就是喜歡告訴我們有啥事不對勁了。

## 我身體裡一定有什麼地方壞了？

有位二十六歲的年輕人踏入我執業的診所，表示：

我一直無法好好睡，想到工作上有場重要會議就覺得壓力好大。走進地鐵車站，才剛過八點鐘，我好想能有個座位，這樣才能再看一下那幾份重要的文件，可是車廂裡擠滿了人。列車在兩站之間的隧道裡跑著，突然之間停了下來，燈也都滅了。我陷入全然恐慌，這感覺超乎之前所有的經驗。我的心臟怦怦跳個不停，思緒跑得飛快，就好像身體形成硬殼把我包在裡面。我感到胸口悶痛，快要沒氣了。我只想離開這陰暗、動也動不了、無法逃脫的車廂。我伏倒在地，只覺得自己一定是心臟病發作，就快要死了。

身旁的人們都只是眼睜睜地看著，少數幾位交頭接耳指指點點。最靠近的那幾人開始移步躲開。有位慈祥的老太太彎下身來，問我發生什麼事了，但我根本連回她話的力氣都沒有。最可笑的是，我還會想到，世界這麼大，自己這條小命居然要終結在地鐵車廂內，眞的太可悲了。

等到列車總算又開始移動，有人幫我叫了救護車，就在下一個車站等著。三個小時之後，我坐在醫院的急診室裡，等待檢驗結果。醫師說，我的狀況並非心臟病發作，心電圖和血液檢查都正常，反而應該是恐慌發作。她問我心裡究竟感受如何，並建議我去看看精神科醫師。我請她再做一次心電圖——一定有哪裡弄錯了。可是她說絕不可能弄錯，而且見過太多像我這樣的例子。

一個星期後這人來找我，他跟我說：沒錯，最近眞的是備感壓力，工作期限逼近，人際關係又不順。但他無法理解，爲什麼這種情況會導致來得突然、讓人一蹶不振的焦慮。爲什麼會在地鐵車廂上發作？對他來說，這是個警訊，體內有什麼東西壞掉了。

## 每四人就有一人一生會經驗到恐慌發作

大約每四個人就會有一人，會在一生中的某個時候經歷恐慌發作，這是最嚴重的一種焦慮狀況。恐慌發作是一種極爲強烈的不適感，而且往往還伴隨著心跳加速、呼吸困難，還有一種讓人備感無力的失控感。差不多三～五%的人會苦於反覆出現的恐慌發作，而生活處處受限。他們得要避開地鐵、公車及閉塞或開放的空間。在發作前後的那種「預發焦慮」，就和恐慌發作本身一樣有害。

首度遇上恐慌發作時，很多人會去看醫生，覺得自己一定是心臟病發。一旦醫師確定這其實是一場恐慌發作，一開始的對應方法是要確定病人並未處於任何危險狀態。他們的心臟不會停止跳動，而且也不會停止呼吸，即使病人自述有這些感覺。你也知道，大多數有嚴重焦慮的人絕對認為他們的身體一定有什麼地方出現重大問題。就讓我們更仔細審視，當一個人遇上恐慌發作時，其身體和大腦究竟出了什麼差錯。

首先要說的是，恐慌發作是源自杏仁核，這在前一章已經提過，它最主要的功能是要找出環境裡的危險。**杏仁核指出可能出現的危險，而身體的反應是迅速進入戰鬥或逃跑的模式**。接下來，壓力系統升級，增加脈搏及呼吸頻率。

大腦接著把這些來自身體的訊號錯誤解讀成眞的存在即刻危險的證據，更進一步投入資源。脈搏和呼吸頻率又再上升，大腦更把這現象錯誤解讀成目前正遇上危險的最強烈證據。此時，我們正持續陷入全面爆發的恐慌之中。

## 煙霧偵測器的警報原理

你可能以爲，這個錯誤解讀的惡性循環是表示大腦打結了，不過，讓我們從演化生物學的觀點來看看這位病人的反應。你會發現，恐慌發作的引擎（杏仁核）反應雖快，卻很隨便。杏仁核的運作方式是依據我們所謂的「煙霧偵測器原理」。若家中廚房的煙霧偵測器會毫無必要的發出警報，例如土司烤焦了，我們也會接受，只要可以確信如果眞的發生火災它能夠發出警報。**杏仁核**正是以相同方式運作——**它往往以發出次數過多的警報，來確保絕對不會錯過眞正的危險**。可是所謂「次數過多」在實務上是什麼意思？美國的精神科醫師藍道夫·內斯（Randolph M. Nesse）用以下例子加以解釋：舉例來說，你在草原上聽見草叢傳來沙沙聲。好吧，這噪音也許只不過是一陣風，但是有極小機會可能是一隻獅子。如果你出於恐慌飛奔而逃，會消耗大約一百卡熱量。若草叢裡的沙沙響只不過是風吹，那麼你損失的熱量就是這個數字。然而，如果你的大腦並沒有啓動壓力系統，且實際上那眞的是一隻獅子的話，你就要損失十萬卡熱量（獅子把你吃了就可以獲得這個數字）。

藉此血淋淋的熱量損失邏輯，大腦啓動壓力系統的次數應該要比實際需要多個一千倍。你也許覺得這樣刻意的例子極爲可笑，但它確實展現出：在一個危險得多的世界裡，爲此所發展出來的內在警示系統應是什麼模樣。覺得四處充滿危機的人、時時刻刻爲各種災難預作準備的人，就要比那些在營火邊放輕鬆享受的人更有存活機會。**隨處見到危險，時時爲災難做準備的這個傾向，就是我們所謂的焦慮**。而身體啓動壓力系統，其力道之強讓你覺得有如排山倒海而來促使你想要逃離現場，那就是我們所說的恐慌發作。

總結來說，每次個別的焦慮發作實際上並不一定要實現它被賦予的功能，因此在所有的恐慌發作中，只有一小部分在某個時刻救過我們的性命，而這就足以讓大腦犯下過度小心翼翼的錯。從大腦的觀點來看，我們也就能將恐慌發作看成是一次誤發警報，而這正表示大腦發揮其應有功能，就像煙霧偵測器跟我們說土司烤焦了代表它發揮了正常功能，兩者是一樣道理。**我們的壓力系統寧可發動次數過多而不願發動次數過少**，這情況確實有其作用，並不是系統發生小故障。

可是，如果說一套過度敏感的壓力系統有助我們存活，那你可能會覺得奇怪，爲什麼我們不會因爲雞毛蒜皮之事就逃之夭夭？爲什麼有人能夠踏入地鐵車廂而不會遇上恐慌發作？剛才不是說過，極度小心謹慎的那些人類祖先，應該有最佳機會可避開獅子利爪、蛇的毒液、充滿危險的懸崖？這現象的原因在於，自然界裡一切都是有所取捨的，怎麼做都得付出代價。長頸鹿的脖子長、腿也長，或許可以幫牠搆到其他動物無法觸及的樹葉，可是腿太長就有跌斷的風險。精瘦的羚羊或許可以跑得很快，但少了脂肪儲存，當食物短缺時就沒有儲備可取用。人類祖先步步為營，死於意外或遭受掠食者攻擊的風險其實應該是相當低。但是，如果他們把任何風吹草動都看成是會威脅生命的事，見到自己的影子就嚇得跳了起來，絕對沒辦法鼓起勇氣去找食物、尋求伴侶。

換句話說，有利的特質幾乎總是要付出代價取得。這時，你可能會爭辯說地鐵上的恐慌發作按照定義來說是功能失調，因為它們並沒有實現任何功能。然而我們不應該用今日的標準來考量其功能，而應該自問：怎樣的歷史情境會需要此等反應？這類狀況是否普遍常見？從生存的觀點來看，不惜一切代價逃離某處，是否對我們有利？上述幾個問題的答案很可能是肯定的。正因如此，我們對於自己的防禦機制可能造成嚴重後果，比方像是在地鐵上恐慌發作，或者這些機制這麼快就能迅速發動，寧可發動次數過多而不願發動次數過少，我們一點都不應該感到奇怪。

總結來說，即使生命無危險之虞仍會感到焦慮的主要原因在於：**人類大腦的警**

**報系統依然是針對半數人口未能成長到十幾歲的那個世界所量身打造**。在那個世界裡，每個想得到（甚至是想不到）的角落，都有辦法發現危險所在，能夠改善個體的生存機會。你我都是這些倖存者的後代，而且焦慮症的罹病率被基因限定爲大約五十％（沒錯，這是眞實的數字），那麼大部分的人會把這世界看成要比實際上更加危險。

有了如此認識，人們就會覺得焦慮一點都不足爲奇。奇怪的是居然有人並不焦慮！強壯的手臂可以舉起極大重量，強壯的雙腿可以跑得飛快，但一**副強壯的大腦並不能免於壓力、逆境與孤寂；反而，只要能讓個體撐著活下去，它什麼都會做**。有時這就包括了要生出煩惱憂心的感受，或者會讓我們想要逃離或把世界看成危機四伏。如果我們認爲有這些症狀代表錯在大腦，或大腦生病了，其實我們應該是已經忘記它最重要的功能就是生存。要是人類祖先的焦慮比較沒那麼容易被激起，你我大概根本就不在這兒了。那麼，設想一下也許大家都明白這個道理。因爲，許多帶著焦慮過日子的人，譬如像是那位在地鐵車廂裡發作的病人，以爲自己一定是有哪裡不對勁。等他們明白焦慮實際上可以是個訊號，指出他們的大腦正是按照原本設計運作，就能稍稍放寬心了。

過了很久之後，這位在地鐵上恐慌發作的病人告訴我，當他總算接受恐慌發作也沒關係時，發作次數就沒那麼頻繁了。

而另一位病人說到，「只不過是我的杏仁核要我感到害怕罷了。」這個想法讓她非常安心。當你能從這個觀點看世界，不僅恐慌發作變得可以理解，創傷後壓力症候群（PTSD）也一樣可被理解。

## 遠古時代曾經存在的威脅

也許你對於焦慮是否和演化傳承有關依然心存懷疑。若是這樣的話，我們可以將注意力轉向畏懼症的源頭，也就是不成比例的強烈害怕。最常見的畏懼症就是害怕在公開場合演講、怕高、怕幽閉空間、害怕無邊無際、怕蛇或蜘蛛……這些全都有什麼共同點呢？實際來看，基本上現今已經沒人會因為上述任何一項而死亡，但這些在過往歷史中全都會威脅人類生命。

就拿被蛇咬來說，在歐洲，每年平均有四人因而喪命。相較於交通事故，歐洲每年差不多有八萬名受害者，而全球一年約有一百三十萬人不幸遇難。所以，理論上並不應該有人真的怕蛇，反而是要一見到車輛就讓我們嚇得退避三舍才對。

或者，以公開演說為例；五十歲慶生會上的蹩腳致詞，或者在學校或工作上支支吾吾的表現，都極不可能要你的命。同時，每年吸菸奪走七百萬人的性命，而身體懶得動導致五百萬人短命。那麼，為什麼有許多人一想到要在眾人面前講話就小小崩潰，卻對香菸及慵懶的沙發不置可否？答案在於發懶不愛動和吸菸在過去歷史上未曾造成威脅，因此我們的本能還沒發展出要對它們有所畏懼。另一方面，公開講話在以前常會伴隨有可能被排擠的風險，而這又等同於致命危機。如今，蛇、高度和公開講話仍會在許多人身上引發強烈的恐懼感，就是一個極為清晰的徵兆，表示我們容易焦慮的特質是在另一個與現今不同的世界裡形塑而成。

## 令人害怕的回憶

二〇〇五年夏天，我還是個在精神科緊急處置部門工作的菜鳥醫生。有位病患是名五十歲出頭的女性，此前跟家人一起到泰國度過七個月的假期，結果遇上災難性海嘯襲擊。他們因住在比較高處的旅館，所以沒眞的遇上大難，不過，身爲一名護士，她自願性跑去當地的醫院幫忙。在那兒她親眼見到令人震驚的景象，包括重傷或死亡的病人，其中有不少是幼童。

回到瑞典後，起初她感到焦躁不安，但生活很快就恢復常軌。然而，過了好幾個月之後，她開始做起噩夢，內容是她和孩子們溺水了。她因此變得很沮喪，不敢上床睡覺。到了白天，泰國醫院裡悲慘的畫面一再重演，讓她難以承受。於是，她想盡一切辦法，只求能夠避免憶起那趟旅程。她把原本訂的日報退掉、不再收看新聞報導，但這麼做還遠遠不夠。只要踏上警局所在的那條街，就讓她極度焦慮，只因爲重新辦理護照時，就是在那兒申請的。

漸漸地她避開更多地方，感覺就像眼前的世界越縮越小。「彷彿我已經無法控制自己的生活，不再能夠掌握全局。」很明顯地她患了創傷後壓力症候群（PTSD），這是一種特別嚴重的焦慮症，往往涉及病人經歷過或見過惱人事件的痛苦回憶。這些回憶會再三重現，醒著時會重歷其境；睡著後，則成了揮不去的噩夢。受影響的人會持續緊張不安，逃避一切可能想起那次事件的任何事物，即使是一丁點提示都不能承受。

PTSD一開始是在越戰歸國的美國大兵身上發現，有高達三分之一的退伍軍人受到影響。實際上根本不用去打仗或是非得遇上天然災害，只要是經歷過災難性受虐、被霸凌或被強暴的人，都有可能發生PTSD。同理，在家中遭受暴力或目睹暴力的人也會有。

遭受創傷表示大腦認爲創傷依然持續進行，我的病人很明確地感受到這種狀況。這看似大自然的殘酷把戲，日以繼夜地讓她一再重複經歷那些令人不安的事件，使她緊張。大腦爲何要提醒她七個月前發生在地球另一端的事情，是有什麼目的？想要了解這個狀況，就得更詳細地研究記憶是怎麼一回事。

# 記憶：對未來的指引

上一章我們談到，人的感受是要幫助個體生存。記憶的能力也是同樣道理：記得是爲了生存，而不是爲了緬懷。事實上，人類的記憶力和過去無關；它們是大腦爲此時此刻設下的輔助。生命中的每個時刻，大腦都在檢查記憶以引導我們，其方法是選取它認爲與我們目前處境所遭遇最爲相關，最能讓我們憶起的那些部分。因此，在寒冬的熱鬧街頭，想起去年的耶誕節感覺上就像才剛過去不久，若是在炎熱的夏季回想起來，就覺得十分遙遠。

雖然大腦其實擁有深不可測的記憶容量，無法鉅細靡遺地想起我們所經歷過的一切；如果我們得一直不停地持續回過頭去查看此生度過的每個時刻，理解力就會弱得不得了。所以大腦選擇該記住什麼東西，而且會趁我們在睡覺的時候做很多這樣的決定。當人睡著，尤其是進入深層睡眠時，大腦就會細查當天的事情，並選出應該儲存的項目，成爲記憶，或被丟棄、遺忘。這選擇絕非任意而爲。要知道，大腦會把它認爲對我們生存重要的記憶排在最優先，尤其是那些與威脅和危險有關的項目。

至於杏仁核，那個小小、杏仁形狀的區域，別的事情先不提，它負有警告我們注意可能危險的任務，位置就在海馬迴正前方，而這海馬迴就是大腦的記憶中樞。解剖學上的相鄰靠近，反映出情緒經驗和記憶的連繫是多麼緊密強烈。要知道，既然感覺到的是情緒強烈的經驗，就表示那經驗對於我們的生存多少有其重要性，也就應該被大腦置於更優先順序。若杏仁核被激發活化，例如面對威脅時，海馬迴接收到信號要記下我們目前所經驗到的事情，並且以清晰、高傳眞的模式生成記憶。海嘯過後七個月，我的病人依然記得那些事件，就好像昨天才剛發生。同樣的，這些記憶註定要能輕易被觸發，甚至僅只是說到與該事件最細微連繫的刺激就能辨到——例如那位病患在出發度假前去拿護照的那條街。

大腦生成清晰、容易重拾的創傷經驗記憶，並不是什麼錯事。歸根究柢，大腦的主要任務是要確保我們能夠存活，即使是在最爲艱困的情境下亦然。因此，它盡一切所能地避免我們再度落入相同處境。而且，要是即使做過這些努力我們依然再度進入同樣困境，它會確保我們擁有極清晰銳利的影像可供運用，曉得前一次是如何克服，脫困而出。關於泰國之旅的痛苦回憶會被斯德哥爾摩某條街道再度喚起，或許看來有些奇怪，在此溺死於潮水的威脅可算得上是零。可是如果大腦敲響那個警鐘，只不過是因爲它還沒能適應現代世界，並將人們可以搭乘噴射客機飛到八千海里（相當於一萬四千八百多公里，從美國洛杉磯飛到新加坡）外遙遠的地方這事納入考量。

任何事物，只要有可能提醒我們想到之前的創傷經驗，不論再怎麼輕微，都會讓大腦爲保護我們而去找出那項記憶，因此大腦認爲最重要必須儲存起來的記憶，往往就是那些我們寧可忘得一乾二淨的事情。這道理對所有人都適用，不僅是針對苦於PTSD的病人。說不定你也有個痛苦的記憶，三不五時就會冒出來。這是大腦試圖避免相同事情再度發生的方式。藉由一再重提那個記憶，大腦提醒你上一回是如何處理這類事件。這些提醒對我們的心理健康造成衝擊，對大腦來說只不過是次要之事，因爲大腦的設計（正如我們所知）是要求生存而非追求幸福。

## 「說來聽聽」背後的生物學

痛苦的回憶其實是來自過度保護的大腦所提供的無用溫柔，當然，這說法對蒙受PTSD之苦的那些人根本毫無助益。儘管如此，採取大腦的觀點不僅讓我們能理解PTSD究竟眞相如何，它還提供我們一個重要線索，能用來緩和、應付那情境。因爲，每次我們提取一個記憶，它就會變得不穩定，也就可以被塑形改變。事實上，當我們想到它的時候相關記憶就會改變。

記憶會變的說法或許聽起來相當輕率。畢竟，人類傾向於把它們視爲可被搜尋出來的YouTube片段，看過之後又置之不顧，安全地存入個人知識當中，等我們之後想起再把它找出來時，能見到完全一樣的片段。然而，心理學研究早已指出，我們的記憶更像是維基百科的頁面，會被持續更新、編輯。這些更新往往是發生在我們將其取出之際，也就是想起來的時候。

讓我們舉個例子說明。把思緒往回溯，想想第一天上學的情況。也許你會想像有一位老師站在黑板前，或是全班爲了秋天開學季盛裝出席，或你的同學打扮得漂漂亮亮地來上學。也許你甚至能夠回想起空氣裡飄散著樺木枝條的味道，或感覺到興奮、期待的嗡嗡低語。此時此刻，當你將心思往回溯時，你對於第一天去上學的記憶其實已經被更動了。但是這些更動將會變成什麼形狀，要看你此時此刻的經驗和感受而定。換句話說，這些記憶會被目前的心理狀態影響。若你感覺高興，記憶會變得稍稍更加正面；若你感到心情低落，記憶會變得稍稍更加負面。

如果我們把焦點放在其主要任務，也就是要幫個體生存，而不是要將我們的經驗客觀記錄下來，其實就很容易理解記憶的運作爲什麼要用這種方法。

舉例來說，某天你在森林裡散步時，遇到一匹狼，驚險逃過攻擊。你的大腦會生成鮮明、容易取出的被攻擊記憶，以免你再次回到同一場景，或者要是沒能阻止你重返現場，也會讓你高度警覺以隨時準備好做出反應。不過，讓我們想像一下，這會兒你眞的回到同樣地點，而且這次根本沒遇到惡狼。或還有下一次。或下次又下次。此時，關於這地點的原本記憶就會開始轉變，從極具威脅性變成比較沒那麼危險。大腦會更新你的記憶，好讓它更貼近適當的恐懼程度。再怎麼說，如果你走過這條林間道路一百次，這麼多次機會僅遇過一次狼，那麼在第一百零一次散步時遇上一匹狼的機率相當低。

同理，我們一般認爲是「好的」記憶，也就是把發生過的事情忠實記錄下來，從大腦的觀點來看並不必然受到歡迎。記憶是可塑的，也必須是可塑的，爲了能夠供給我們最佳指導，應該要能夠依據可得情境脈絡更新。

治療PTSD時，可以把這全都善加利用。在我們覺得安全的環境裡提出令人不快的記憶，他們就能逐漸開始覺得沒那麼具有威脅性。所以一定要談，可是要在你覺得安全的環境當中進行，若沒有親密的友人陪同就和治療師一起，而且要小心地抽絲剝繭。如果那些記憶特別讓人心痛，先把它們寫下來也許會是個不錯的出發點。

在一個安全的環境裡公開講述讓人痛心的記憶，不管是意外事故、霸凌、性騷擾或強暴，其功能就和回去走一趟林間小路卻沒遇到野狼一樣，慢慢地記憶確實就會變得比較不具威脅性。從神經科學觀點而言，試圖壓抑創傷記憶往往是個不好的策略，因爲這就表示記憶從未改變。它們等於被嵌入石中難以撼動。

恐慌發作和PTSD，可算是最讓人痛苦的焦慮形式，也就是大腦試圖保護你的方式。對於所有形式的焦慮也是同樣道理：大腦想要你小心謹慎，安全擺第一。如此順理成章就得出關於焦慮症的主要立場：這狀況並沒有危險性。雖然如此，這並不是說應該把焦慮症看成無所謂的小事——恰恰相反。對於深受焦慮困擾的人來說，根本就像是活在地獄裡一般。只要是經歷過嚴重的焦慮症，不管是哪種形式，你都會體驗到這狀況有辦法掌控一切，把整個生活都毀了。想要期待嚴重的焦慮會自然而然消退，就如同在風中吹口哨，一點作用也沒有。

我們都知道，飛機墜毀、或在一節密閉車廂內缺氧窒息的機率甚低，但這也沒差：焦慮會壓過任何合乎邏輯的反對論點，無法想到其他別的可能。這就是重點所在！要是「快樂一點，別憂心」或「多往正面想」之類的陳腔濫調就能輕易除去焦慮，那根本就不會有焦慮這種狀況發生。如果可以輕易殺得它措手不及，說焦慮有辦法影響人們的行為似乎也太過薄弱了些。

## 何時應該尋求協助？

基本上每個人都在某個時刻受到焦慮影響，但是所謂「正常」的線要怎麼畫？何時應該尋求協助？簡單的原則如下：如果焦慮會縮限你的生命展望，就該尋求協助。如果有什麼是你想要做的（而不是被期待要去做），卻由於強烈不適感而避開沒去做——也許是要參加派對、拓展人脈的聚會、看電影，或是旅遊，那麼我認為你就應該尋求協助。

一旦我們想到做某件事就覺得不舒服，傾向於完全避開，這正是焦慮症治療試著突破的運作模式。以緩和且受控的方式讓自己接觸到會讓你焦慮的事情，你的大腦就曉得它的煙霧偵測器也許有點太過活躍，因此也就有可能削弱它的敏感度。

談論恐懼的記憶，我們就可以重新塑造記憶，不過這需要時間。總之，我們的身體構造是經過設計的，要逃離一千次的樹叢騷動以避免其中某次眞的是有隻獅子在那兒。若想克服公開講話的恐懼，只做個一、兩次並不夠。花費的精神遠遠超過以上次數，可是投入的練習時間總是有所回報。

所有的焦慮症治療基礎，幾乎都是要去理解人們認得的世界會比實際上更加危險也更具威脅性，我們必須別那麼在意那些想法。不過，這觀念說來簡單，實際操作又不是那麼一回事。有個策略對我的某些病人相當管用，可幫助他們消除那些想法，作法就是從大腦的觀點來看焦慮本身。大腦並不會把事實眞相原原本本展露給我們看，反倒是呈現出我們爲了能倖存必須看到的模樣。若我們的大腦把世界看成一個黑暗且具威脅性的地方，並不表示我們的組織構成「軟弱」乏力；這表示我們的大腦能力很強，把它該做的事處理得很好。

大多數接受治療的人都能好起來。身爲一位熱中演化生物學的精神科醫師，我完全理解焦慮的力量多麼強大，它也理該如此強大才能滿足原先目的。一直以來，當我見到心理治療，尤其是認知行爲治療對病人所產生的功效，總會驚嘆大腦的神奇變化能力。實際上發揮功效的並不只是治療本身。對於各種焦慮還有一項常被忽略卻具有驚人效果的治療法，就是體能活動與其他長長一串的正面邊際效用。記住，運動前要先放輕鬆，因爲脈搏加速可能被大腦錯誤解讀成即將到來的危險，反而導致更進一步焦慮。

本書稍後篇章，會詳細探討如何透過體能活動控制焦慮。很多患有嚴重焦慮的人也發現抗憂鬱劑藥物能有所助益，所以如果你正受嚴重焦慮症所苦，一定要考慮和主治醫師討論這個部分。

不同治療法並不會彼此排斥，而且，相當有趣的是它們似乎作用在大腦的不同部位。體能活動和用藥似乎能減緩大腦較深區域的警報系統，例如杏仁核。另一方面，心理治療則作用在大腦比較先進的部位，譬如額葉，教會我們當焦慮確實冒出來時如何在心理層面處理焦慮。對大多數人來說，結合多種方式效果最好。若是講到治療焦慮，一加一往往可得到四，甚至是五，對付它的戰線越多，效果越好。

## 大腦對抗焦慮的兩大招數

❶ **呼吸法**。若你遇到急性焦慮，一個堅實有效的訣竅就是把注意力放在自己的呼吸。平靜的呼吸，吐氣要徐緩悠長，身體傳送信號給大腦，表明並沒有遇上危險。要知道，掌管各個器官如何運作的神經系統並不受心理控制。這個

系統名為自主神經系統，又由兩個獨立部分組成：①交感神經系統，往往和戰鬥或逃跑反應有關。②副交感神經系統，和消化及休息有關。

呼吸法影響交感與副交感神經系統間的相互作用。吸氣的時候，交感神經系統的活動稍微增加，推著我們進入戰鬥或逃跑模式。事實上，吸氣時心跳稍快，因此運動員在競賽前猛吸幾口氣提升能量並非巧合：可藉此啓動自身戰鬥或逃跑的反應模式。反過來，當我們吐氣時，副交感神經系統的活性增加。心跳稍稍慢些，而戰鬥或逃跑的反應則被壓抑。

因此，如果你覺得焦慮感要來了，可站到一旁等幾分鐘，做幾個平穩的深呼吸，特別要關注的是吐氣要比吸氣花更久的時間。按照經驗法則，目標放在把呼吸調到吸氣四秒吐氣六秒。這比自然頻率更久些，所以得多多練習好掌握它的感覺。吐氣悠長的深呼吸具有驚人功效，可「欺騙」大腦節制我們戰鬥或逃跑反應。對很多人來說，焦慮一點一滴消散於無形的感覺相當明顯實在。

**❷把它說出來**。要是緩慢的吸呼沒能幫上忙，還有另一個訣竅隨手可用：額葉（有兩個，左、右半腦各一個）位置就在前額正後方，算是大腦最先進的部分。簡要來說，額葉可被分成兩部分：內側前額葉，在兩眼之間。以及外側前額葉，在太陽穴之外。內側前額葉專注於個體自身。它會記錄身體內部的情

況，是情緒和動機的重要構造。外側前額葉是大腦最後成熟的區塊，專注於周遭的情況。這部位是擬定計畫並且解決問題的重要構造。如果你把手指放在雙眉間，就是指著大腦將聚光燈轉向自己的那個部位。若是將手指移往眉毛外緣，就會移往大腦處理周遭環境狀況的那個部位。

有趣的是，觸發額葉會對杏仁核產生強力的抑制作用。如果讓參加實驗的人觀看憤怒及害怕的臉孔，他們的杏仁核會被活化。這個結果對我們來說並不那麼令人驚訝：畢竟，憤怒的人的確可能造成威脅，而害怕的人可能表示附近存在什麼東西我們必須小心注意。然而，若要參與實驗的人描述他們所見——「她看起來在生氣」「他看起來在害怕」——會顯示額葉的活動增加，尤其是外側前額葉。

之前的研究已表明，外側前額葉是專注於我們周遭的部分，當我們在描述時會被活化。而且，既然這會壓抑杏仁核，我們就能夠善加利用來調節我們的感受。

練習用話語描述你的感受，並試著盡可能越詳細越好。越能好好說出你的感受，就越能「從外部」觀察它們，而不是等感受萌生再追著跑。

## 從兒時創傷到防衛機轉

我小時候，很少有人討論心理疾病，所以印象上精神病、拘束衣，還有封閉病房都是同一個意思，而「焦慮症」則是個定義不清的詞彙，我根本沒能眞正搞懂，想到的多半是英格瑪．柏格曼的電影。時至今日，你可以在Amazon網站上找到六萬本「焦慮症」相關書，用Google搜尋同一個字，將得出四億四千六百萬條——其中兩千萬條是我在寫這一章的期間產生的。這可能會讓我們誤以爲焦慮症是個新東西，不過當然並非如此。即使是伊比鳩魯（西元前四世紀）、西塞羅（約西元前五〇年）還有塞內卡（約西元五〇年）等哲學家，都曾經描寫過焦慮的經驗。後兩者還提出治療的訣竅，這一定是全世界最早出現的認知行爲治療手冊！因此，焦慮就和人類的歷史一樣悠久。然而，改變的是我們看待它的方式。

長久以來，焦慮一直被看成是與深謀遠慮相伴的潛在缺陷。我們有辦法設想出來的可能情境越多，可供擔心憂慮、最好能夠避免的也就越多。人類先進的大腦讓我們能夠想見超量過剩的可能未來結果，並了解我們的行動如何導致不同結果。雖然這的確有助於我們預做規畫，卻也會是焦慮的來源，因爲即使不太可能遇上的可能性都要動腦去想。因此焦慮可被看成是人類爲了得到智慧所付出的代價。

不過，二十世紀初期，奧地利的精神科醫師佛洛伊德提出另一個理論。他相信焦慮往往是被我們壓抑的不愉快童年記憶所造成。佛洛伊德將人類心理看成是一個戰場，我們潛意識的不同部分在此爭鬥，不是爲了掩飾痛苦的記憶就是要將這些記憶訴諸公開。佛洛伊德斷定，焦慮是內在衝突的結果。他提出，要是我們能夠認出這些痛苦、受壓抑記憶並加以處理的話，我們的內在衝突會化解，焦慮也會消失。

讓我們嘗試用一個思想實驗來探討這個想法。假設我——也曾是個焦慮的靈魂——穿梭到一九二〇年代佛洛伊德在維也納的診所尋求協助。我被帶到他的分析躺椅安置妥當，待他緩緩摸了幾下他的白鬍鬚之後，佛洛伊德要我重提最傷痛的童年記憶。我於是回答他：「沒有什麼特別創傷性的童年記憶，兒童期的教養大致愉快。」

「你這就錯了！」佛洛伊德應該會這麼聲稱。「你的神經質傾向，源自被你壓抑的過往恐懼經驗。在躺椅上花了夠久時間，最後總算釐清一些你被掩蓋藏起來的未解創傷，接下來我們就可以一起處理。或許我們會發現你的雙親把你忘在沙灘上，或是你沒把房間清理乾淨的時候，他們就給你一頓好打。有些東西一定會顯現出來，你記住了！」是的，佛洛伊德的確做出有價值的貢獻，要我們開始公開說出自己最深層的感受，但根據當前最新研究，他對焦慮的想法讓人覺得相當怪異。

越來越少人把這些想法當成一回事，這在我的書中是件好事，因爲它們往往表示父母要面對孩子患上焦慮症的指責。當然，毫無疑問的，艱苦的童年會增加遭受焦慮之苦的風險。我們在生命早期經歷極度壓力的時候，會發信號給大腦，說我們生存的這個世界相當危險，接下來會讓大腦調高它的警報系統，對任何「煙霧」都很靈敏。然而，不論神經科學或心理學的研究都未見有人提出任何理論支持焦慮是由壓抑的童年記憶引起的。事實上，研究結果已表明人類的焦慮傾向幾乎有五十％是由基因決定。換句話說，會生成焦慮的敏感性有一大部分是在出生時就已經被決定了。

如此繞了一大圈來質疑佛洛伊德，理由是因爲他帶來的衝擊相當大，而且並不限於心理學家或精神科醫師的圈子。佛洛伊德影響到作家、藝術家和導演，包括藝術家達利、導演庫柏力克和希區考克，這還只是舉幾位名氣比較大的而已。透過這些文化界巨擘的加持，佛洛伊德的思想更廣爲流傳，深刻影響了我們對自我心理的看法，而且難以跨越。認識佛洛伊德的理論有其重要性，因爲這些想法重塑我們對焦慮的觀點，從正常的生命面向成爲必須加以治癒的某種病症。

比較接近最新知識的立場則認爲，焦慮是一種天然的防衛機制，保護我們不受危害，而且往往正是這個信號代表我們正常地發揮功用。有些人擁有特別敏銳的防衛機制，也就比別人經歷更多的焦慮。我個人屬於這個族群。同時，其他人擁有較不敏銳的防衛機制，經歷較少焦慮。不過幾乎我們所共通的就是：**經歷到的焦慮要比應當承受的還多**。

佛洛伊德關於焦慮的理論或許聽起來具有相當深入的見解，但實際上比瞎猜好不到哪裡去。那些理論究竟爲何能吸引這麼多人關注？也許是因爲佛洛伊德給我們希望，覺得我們能夠完全脫離焦慮的掌握。當然，那只是個美好的遐想。不過看到這裡，我想你差不多也應該理解了，從人類的演化來看，這個遐想並不特別實際。

## 焦慮是自然演化的本能之一

若你正飽受焦慮所苦，希望你看了本章之後，不會產生一絲一毫被等閒視之或被小看的感受。然而，我已注意到從生物學觀點審視焦慮有助於人們以更寬闊的心胸看待這件事。我有些病人發現這麼想很令人安心——「只不過是我的杏仁核作怪！」「恐慌發作是個假警報，而且這信號表明我發揮正常功能。」這讓他們感覺焦慮感較不混亂失序而難以預測。有的人甚至還在其中找出邏輯——覺得焦慮更能理解、更正常。曉得我們的內在混亂具有意義且擁有具體構造，不僅只是令人放心；它還給我們一個觀眾席座位，可從那觀賞我們的情感生活。幾乎所有治療，從認知行為治療到精神動力學治療，都包括了要習慣從外部觀察我們的情緒，而且依據我的經驗，透過以大腦的觀點看待焦慮可達成相同目的。這方式可發揮像是一種治療的功用，讓我們後退一步觀察自己的感受。

從大腦的觀點看待他們的焦慮是多麼令人放心，當病人這麼講給我聽的時候，偶爾會讓我想起《綠野仙蹤》電影裡的最後一個場景。那場戲裡，主角桃樂絲和一位嚇人的魔法師正面對決——直到桃樂絲的狗把它披著的布簾拉開，這時桃樂絲恍然大悟她之前所怕的並不是魔法師，其實不過是個無害的冒牌貨，由動來動去的槓桿及各種按鈕拼湊而成。而且，這個假冒的傢伙眞實目的是要協助桃樂絲而安排了整套把戲。焦慮也是同樣道理。一旦我們曉得焦慮並不危險，而且它的存在就是要提供協助，加上更了解大腦按下的是哪些神經生物學按鍵的話，感覺上焦慮就沒那麼具有威脅性了。往往越是了解焦慮，它越不會造成我們的困擾。而且我們了解得越多，越能好好對待自己。我已經感受到，對很多人來說，這讓他們對自己更能生出憐憫之心。

即使是這樣，如果你的焦慮造成傷害，就該尋求協助。覺得焦慮或感到心情不佳，這類狀態絕對不具有內在價值。但請記得：焦慮是生命的天然部分之一，而且是人類倖存至今的必需條件。想要過不受任何焦慮影響的生活，不管是誰都要失望了；絕大多數的人生理構造就不是這樣。但那並不表示我們有哪裡壞掉。

Topic

強壯的手臂可以舉起極大重量，但一副強壯的大腦並不能免於逆境，反而是只要能讓個體撐著活下去，它什麼都會去做。

# 第四章
# 憂鬱症

若不依演化觀之，生物學通篇晦澀難明。

——狄奧多西·多布然斯基

（Theodosius Dobzhansky，遺傳學家暨演化生物學家）

我們已從大腦的觀點檢視過焦慮，接下來應該將注意力轉向下一個重大的精神科診斷：憂鬱症。如果你是女性，你的一生當中有四分之一的機會，在某個時刻會罹患憂鬱症；如果是男性，機率則爲七分之一。WHO估計，超過兩億八千萬人患有憂鬱症，使它成爲全球第三大的致病因素。即使我們用一個單獨、大大的招牌標定這個情況，患有憂鬱症的兩億八千萬人並不是全都被同樣一種東西所苦。

憂鬱症這個用語包括了極爲多樣的各式個人經驗，不過共通的特徵是覺得沮喪難過，而且對原本喜歡的活動提不起勁。

派對、假期、朋友的近況消息——感覺起來一切都毫無意義。我們都會遇到某些天心情不佳，然而這些感受並不只持續一天，而是不間斷地持續了好幾個星期、好幾個月。憂鬱的反面比較會是充滿活力而非幸福快樂：感覺起來就好像是你直挺挺站著不動，處於某種「節能模式」。

因此，**所有憂鬱症的共通點就是覺得曾經能夠帶來歡樂的事物沒有意義**。除此之外，各有各的變化。某些人也許覺得一直很累比平常需要更多睡眠，而另一些人可能難以入眠，或者可能在半夜裡突然帶著強烈焦慮醒來。有些人可能遇到突然食欲旺盛、體重迅速增加，而另一些人可能完全沒有胃口；有些人會覺得坐立難安、心焦氣躁，另一些人則是失去動力、提不起勁。

常見的誤解是認爲憂鬱症的病因是神經傳導物質血清素、多巴胺和副腎上腺素缺乏所致，但事實上事情並沒有那麼簡單。這三種物質全都會被抗憂鬱劑用藥影響，許多人還會獲得良好結果，毫無疑問它們對憂鬱症大有作用。雖然如此，把大腦想成僅三種成分無法調和的一鍋湯，並沒有反映出憂鬱症的眞實複雜度。憂鬱症會牽涉到大腦裡許多不同區域、不同系統，全都得到相同的最終結果：憂鬱症。

雖然大腦裡的運作既複雜又因人而異，如果我們仔細探討憂鬱症的觸發因子是什麼？相當令人驚訝地往往會見到同一個項目：壓力。尤其是，持續不退的一大段時間的壓力——我指的是好幾個月，甚至長達好幾年，而非幾天、幾星期——在這段期間我們感到失控、無能爲力。不過，壓力並不能解釋全部情況。如你所知，**人們一出生就帶著或高或低的憂鬱症遺傳傾向**。對那些特別容易得病的人來說，壓力不必定要那麼戲劇化就足以觸發憂鬱症，比方說，工作上發生衝突。至於其他人，可能要更大程度的壓力，例如像是失去摯愛。還有些人或許從來就不曾受到壓力影響，不管人生遇到什麼狀況都沒關係。這狀況往往可用一句諺語做總結：「基因把子彈上膛，環境扣下扳機。」近幾十年來，已投入大量精力試圖認出是哪些基因把子彈上膛。

## 我們普遍都有憂鬱基因

二〇〇〇年六月，美國總統柯林頓宣布人類基因組中每個字都已經被成功解讀時，滿懷著希望與熱忱、莊嚴地宣告：「我們正在學習神創造生命用的語言……運用這種全新的知識，人類即將取得極大的嶄新力量可以醫治病痛。」在新世紀即將展開的當下，冒出一線曙光，將亙古以來困擾人類的疾病及其苦難推入歷史的垃圾堆。

如今，二十多年過去了，我們可以十分肯定地說，人類基因組定序確實有石破天驚的發展，開啓了多種不同疾病的嶄新治療契機。然而，卻有個例外，即精神醫學，尤其是憂鬱症。研究人員早就希望能找到導致憂鬱症的單一基因——生物機制背後的那一個基因，並且希望一顆藥丸就可以把它修好。可是，並不存在那種基因。也不存在任何一個基因可決定雙極性情感疾患、思覺失調症或焦慮症。反倒是我們發現了成百（若不是成千上萬）的基因全都占有小小的一部分，構成罹患憂鬱症的風險。

找到任何一個舉足輕重憂鬱症基因的希望破滅，一道謎題於是逐漸浮現。事實顯示，影響罹患憂鬱症風險的那些基因傾向於普遍存在，亦即我們很多人身上都有。若說人類易得憂鬱症的體質它們全都有其作用，不管是多麼微小，那爲何會在那麼多人身上出現？演化不是應該把它們都剔除了？畢竟，憂鬱症並不僅在今日導致痛苦不幸；對人類的狩獵採集者祖先來說，活在持續的「節能模式」，或喪失快樂起來的能力，一定相當悲慘。爲什麼大自然要讓我們這麼容易得到憂鬱症，以致於現在有兩億八千萬人受它影響？

## 和病毒有關，但和人無關

最糟的狀況要數失眠。我會早早上床，差不多一小時之後睡著，然後又在兩點半醒過來，伴著心悸以及糟透的焦慮感。過了三個星期，一切全都停擺。我變得了無生趣，電話來了也不接，全都怪罪別的事情：我得要工作，我沒法接電話。到最後，人們不再打電話來。

但接下來局勢翻轉，我怎麼睡都嫌不夠。每天晚上我會睡超過十二小時，卻從來不覺得休息到了。偶爾我會被幾近瘋狂的焦慮感一舉壓垮。某些時刻，我眞的閃過一個念頭乾脆自我了斷，逃離這一切。感謝老天，我的淡漠無感太過嚴重，沒辦法眞的去想要怎麼做才能成功。

到最後我不得不尋求協助。我拿了藥，還開始做治療。四個月過後，狀況慢慢調頭轉向，可是進展實在太緩慢了，我自己看不出有什麼改善。直到六個月後，我才見到隧道出口的亮光。如今我的感覺好得很，我絕對絕對絕對不想再落入那樣的境地，我會盡一切所能避免這事發生。

以上是一位四十三歲護士來看診拿抗憂鬱劑處方時跟我說的一段話。目前她看起來狀況不錯，之前卻如此心情低落，兩者反差之大令我驚訝。爲什麼事情會達到一個臨界點，甚至病人要考慮結束自己性命？她描述了精神崩潰之前的情形；多年來她一直活在沉重壓力下，因爲兩個孩子在學校都有狀況，而且都在進行神經精神症狀評估。雖然她以爲自己有辦法應付和孩子有關的壓力，但是當工作忙不過來時終於超過她所能承受。

她被交付任務要重新規畫部門的工作流程——這件事她既看不到重點也感覺不到自己能確實掌握全局。辛苦進行了差不多快一年，重組計畫終究被放棄了，而她也就從永遠無法完成的任務脫身。差不多就在同一時間，她小孩的狀況改善了，因為開始得到學校方面還有兒童精神科機構的協助。然後，當一切都應該步上軌道沒問題的時候，她卻罹患極為嚴重的憂鬱症，幾乎想要自我了結性命。「就好像當我放下警戒時，卻被壓力迎頭趕上。」她這麼跟我解釋。

## 憂鬱症是一種防衛機轉

就和這位四十三歲的女士一樣，我的病人有很多是經歷一段時間的巨大壓力之後落入憂鬱深淵，多不勝數。我很早就將此看成是一種徵兆，一定是什麼東西出錯了——當然，健康的大腦理應迎向挑戰，越加壓越堅強，就和我們的肌肉一樣可以透過辛苦鍛練變得更強。一旦壓力席捲而來墜入無盡黑暗，一定表示有什麼東西出狀況了。

我們往往會以自己與其他人的關係來判斷憂鬱，以及非常頻繁觸發它們的壓力——再怎麼說，心理社會壓力常常是很輕易就成為將我們榨乾的那個壓力。但我很早就認識到，應從大腦的觀點出發，並且要以與細菌和病毒的關係來看憂鬱症。不用說在我之前，近幾十年來已經有某些最具突破性的醫學研究有此發現。我和越來越多的精神科醫師和研究者都相信，**人類之所以罹患憂鬱症狀可能是一種根深柢固的防衛機轉**，**是遠古時代就曾拯救過我們免於受到感染的本能**。事實上，有些憂鬱症（雖然並不是全部）可被我們的免疫系統觸發。這結論也有助於解釋爲何有這麼多人如此容易得到憂鬱症。接下來，就讓我們更仔細地審視，是什麼使我們開始以此方法思考。

## 有史以來，人類半數死於幼童期

如果你是很容易擔心會生病的那種人，我猜你最關心的是心血管疾病、癌症，或者也許是Covid-19，依順序，這三項正是二〇二〇年瑞典前三大常見死因。依歷史觀點，除了Covid-19之外，這列表超乎尋常。你也知道，以前，**人類的大敵是各種感染**。貫穿整個人類歷史，約莫有半數人口死於成年之前，大多是死於感染。再讀一遍，因爲這事實值得再三回味：半數人口死於成年之前，大多是死於感染。不過才幾個世代之前，傳染病造成的威脅持續不絕。一直到二十世紀初這麼晚，才演變成**最常見的死因是肺炎**、**結核病和腸胃道感染**。而這些也都是傳染病！僅僅四個世代之前，結核病奪去的人命更多過今日各型癌症的總和。

一八七〇與一九七〇年之間，天花奪走不可思議的五億條人命，是第二次世界大戰的十倍多，兒童更是大受影響，可是童年逃過死神索命並不表示你就沒事了。一九一八到一九二〇年間，後來被稱之爲西班牙流感的一場嚴重流感大流行，奪走至少五千萬人命，尤其對年齡介於二十至三十歲的人特別致命。所以對於一九〇〇年代初期的年輕歐洲人來說，最大的威脅並不是第一次世界大戰，或甚至第二次世界大戰，反而是天花以及西班牙流感。

如果我們每天看的報紙僅一世紀出刊一次，那段時期的最大篇幅報導應該是：「人類的預期壽命倍增。與傳染病的鬥爭有了超凡進展！」要想了解憂鬱症，爲什麼這點如此重要？是這樣的，**你的身體**、**生理**、**大腦和心理**，**全都是絕大多數人類早夭的這個事實所造成**，因爲你正是沒在兒童時期就死的那些人的後代。這個簡單明瞭的事實，正是人類運作的基本原理。舉個例子來說明。假設，有兩種可怕的傳染病襲擊人類祖先。把它們分別稱爲白熱病和灰熱病。白熱病僅感染兒童，生病的人會有一半死亡。存活下來的那一半兒童，多虧他們擁有的基因而具有抵抗力。

在此同時，灰熱病一樣是半數的感染者會致命，卻是僅感染七十歲以上長者。同樣的，活過灰熱病的人也擁有基因讓他們具抵抗力。

讓我們想像一下，某次可怕的疫病大流行，白熱病和灰熱病同時肆虐全球，造成半數兒童以及半數七十歲以上長者不幸身亡。因此，大流行過後，所有倖存的兒童身上應該都帶有能保護他們對抗白熱病的基因，要不然他們早就夭折了；而且，依據同樣道理，所有倖存的七十歲以上長者也都帶有能夠保護他們對抗灰熱病的基因。

如果我們往前跳兩代，現在多數人擁有的基因可以防護其中哪個疾病？答案是白熱病。因爲這病只影響兒童，會患病死亡的那些人全都在他們長大能夠留存自己的下一代之前就已經一命嗚呼。因此，讓我們更容易染上白熱病的基因並沒能一代一代傳下來。反之，讓我們更容易得到灰熱病的基因被傳給下一代，因爲染上此症的人是在長大之後得病，這個時候他們早已有了後代並已將這些基因傳出去了。推而廣之，這表示**人類身體和大腦的演化，是要能倖存活過以前會在人還年輕時致命的疾病**。

## 連位高權重的總統也躲不掉

你我生活的這段極短暫的人類歷史當中，避免由於傳染病造成早夭已能做得很好，以致於我們幾乎完全忘記傳染病曾經具備的威脅性。這些神奇的醫學進步可從人類的生活展現出來，且要比統計數據更為明確。正如你所知，美國總統拜登（Joe Biden）在一生之中遭遇過好幾次個人慘劇。一九七二年他的夫人內莉亞（Neilia）和女兒娜歐米（Naomi）死於一場車禍，二〇一五年他的兒子博（Beau）因腦癌去世。拜登的人生經歷算得上是一種全國性創傷，很多人覺得這讓他注意到，並且理解身為人的苦難，放眼總統這個層次算是相當獨特的。

相較於近年其他美國總統，拜登失去家人的慘烈傷痛讓他獨一無二，不過稍把歷史再往回倒轉一些些，顯然這類個人損失更像會經常發生而非特例。一八四〇以及一八五〇年代，第十六任美國總統林肯有四個小孩：艾德華在過四歲生日前幾天去世，很可能是由於肺炎。威廉死於十一歲，據推測是因為傷寒。湯瑪斯十八歲死於肺結核。只有一個孩子羅伯特倖存下來長大成人。同樣慘事發生在美國第三任總統傑佛遜身上，六個孩子裡有四名不滿兩歲就夭折了。第九任總統哈里森生了十個，夭折五位。第十二任總統泰勒生了六個，夭折三位。第十四任總統皮爾斯，三個小孩全都不保。這情況一直持續到二十世紀，總統艾森豪的兩個兒子有一位死於一種傳染病：猩紅熱。

我們可以確信，總統及其家人能得到當時最好的醫療照顧，然而卻有半數子嗣不敵病魔，這清楚提醒我們有件事常常被忘了：直到不過才幾個世代以前，大多數的人都早早夭折，而且多半死於疾病。

## 各種不同的傳染病

由於過往歷史當中傳染病奪去這麼多年輕的生命，人類就發展出特別堅強的防衛機轉對抗這些疾病。爲了解這和憂鬱症有什麼關係，我們必須探討究竟是哪些種類感染對人類造成威脅。我們這個物種：智人，是大約二十五萬年前在非洲出現。如同之前所說，大部分人類歷史之中我們都是過著狩獵採集的生活，直到差不多一萬年前開始轉向農業。以此爲前提，人類開始生活在比較靠近的接鄰地帶，還飼養牲畜當食物。然而，這兩個因素皆使得疾病更容易從動物傳給人，並在人群當中蔓延。

肺結核、肝炎、痲疹、天花和HIV恐怕全都源自動物，卻越過物種障礙傳給人，並且接下來在人口密集的社群當中傳播開來。肺結核、天花和痲疹的出現大概不超過一萬年，且從演化觀點來看算是「新的」疾病。

這些是我們生活在較緊密聚集的社群裡，有能力用我們所飼養動物得來食物養活更多人口所需付出的代價。我們狩獵採集者祖先的時代，大概不會罹患這些疾病，因爲我們活在較小的群體內，難以讓感染傳播。

像Covid-19這樣的流行病在狩獵採集者的時代實際上是不可能的，因爲這需要來自很多不同地方的許多人彼此互動。這並不表示狩獵採集者不會生病，恰恰與之相反，只不過讓他們生病的傳染病並不是原本來自動物的病毒和細菌。反而，狩獵採集者傾向於罹患源自腐敗食物或傷口的感染。而且，沒有抗生素可用，傷口感染了就會導致悲慘後果。那麼，這些人有受傷風險的時候是什麼感覺？嗯，會有壓力！被追逐的壓力、逃跑的壓力、激烈衝突的壓力。這全都表示受傷風險增加，也造成感染風險增加。

美國精神科醫師查爾斯·萊森（Charles Raison）認爲，貫穿大部分的人類歷史，**壓力一直是個可靠的信號，告訴身體感染的風險增加**。人類的免疫系統耗費十五～二十%的身體能量，如此耗能以致於沒辦法一直維持全速運作。我們的身體得要選擇何時必須換檔升速，而壓力就是一個信號，表示時機到了。萊森認爲身體會把壓力解讀爲存在高度感染風險的信號，是因爲就絕大部分的人類歷史而言，這正是壓力傳達的意思，以促使我們的免疫系統提高其活性。這個機制不僅適用在大草原時代的人類，也適用在今日的你我身上，畢竟我們是被設計爲要過狩獵採集者的生活。

## 免疫力與整人求職面試

有個饒富趣味的測驗，可展現出社會壓力與免疫系統之間的連帶關係。想像你去參加一場面試。一進房間，你發現有兩位男士和一位女士身著白袍坐在你對面。

他們看來粗野令人害怕，沒有出聲打招呼，就要你直接開講。你猶豫著，開始長篇大論述說之前的工作經驗，以及爲何你認爲自己可勝任這個職位。你勉強擠出一絲笑容，試著緩和氣氛，但他們只面無表情地瞪了回來。當你稍有停頓忙著構思遣詞用字，其中一位男士開口，用幾乎不加掩飾的傲慢語氣問道：「你在面試的時候都會這樣舌頭打結嗎？」一旦你被這樣的審問搞得汗流浹背，就可以開始做些測驗了。傲慢的面試人員要你從一〇二二往回數，速度盡可能快，每個數字間隔十三。

你開始了：「一〇二二、一〇〇九……」接下來你花了幾秒思考然後才說：「九九六」。三人組露出嘲弄的表情相視而笑。

這套整人求職面試是特里爾社會壓力測試（TSST）的一個部分，用來檢驗我們是否能夠應付社會評價情境。參與者被告知，他們要進行一次模擬的求職面試，會有錄影，然後由行爲科學家評量打分數。面試員先收到指令，要表現得貶損他人，而且要對接受面試的人板起臉孔不顯露情緒。

多數參與者感覺不舒服，當然不令人意外地會出現脈搏和呼吸加速的現象。TSST有趣的地方在於某些參與者的血液檢驗中會出現以下狀況——說得更明確些，他們的介白素IL-6濃度增加。這物質扮演人類免疫系統的關鍵角色，並且當我們被感染時會引起發燒。但是爲什麼在進行求職面試期間血液中的IL-6濃度會上升？參與者幾乎沒有任何風險會被那些高傲的面試員感染病毒或細菌，那爲何免疫系統要動員起來，抵抗對我們自尊的威脅？如果我們將本章前面已討論過的課題納入考量，就能得到一個可能的解答。參與者在一次求職面試期間經驗到的壓力，導致身體以爲我們正面臨高度受傷風險——因爲這正是之前壓力所要傳達的狀況。因此，身體開始做準備。既然受傷風險增加，接著就是感染風險增加，所以免疫系統切換升高一檔。這就帶我們更往前進一步，更接近與憂鬱症相關的情境。

## 病毒與細菌的盛宴

人類祖先能撐過感染倖存下來，幾乎可算得上是個奇蹟！確實，在這場對抗病毒與細菌的競賽當中，我們其實應該註定成爲輸家。病毒只有唯一的目標，那就是要盡可能製造出越多複製品越好。以生物學觀點來看，病毒僅是一段遺傳密碼，是否可被視爲「活物」都值得懷疑。因爲它缺乏自我複製所需容器，要達成目標唯一的辦法就是侵入另一個生物體，騙後者幫它做出複製品。而且，最好那個生物體還可以四處散布其複製品傳給其他生物，後者可接著製造，然後更廣泛傳播。

從病毒的觀點來看，很難想到比人類更棒的生物體讓它入侵。畢竟，人類彼此靠得很近地過生活，極度社會化而且到世界各地旅行。更重要的是，人類的兩代之間至少間隔了二十年。另一方面，病毒只有幾天就生出下一代，這表示它們的更新速度比人類快了將近一萬倍。因此，它們一直持續突變，以新的僞裝型態出現，適應能力要比人類更強。

換句話說，對於病毒和細菌而言，人類是名副其實的一場盛宴。半數兒童死於感染，一點都不足爲奇，怪的是人類居然沒有全部完蛋。抗生素、疫苗和現代照護機構問世之前，我們要對抗感染靠的是哪些資源？人類最明顯的防衛是無與倫比的免疫系統，它會記得我們之前曾經得過的感染，經過調校，若有需要再去捕捉這些入侵者的話，就能快速動員。我們的免疫系統如此精巧，其複雜程度只有大腦更勝一籌。而且，就和大腦一樣，不過才剛開始全盤研究免疫系統，就持續發現新的精巧功能。我最喜歡的其中一個功能，就是只要見到有人咳嗽，就會讓我們的免疫系統啓動。

此外，我們對腐敗的食物有一種強烈、反射性的厭惡感，這就是大腦要我們避免可能引發疾病的飯菜。一聞到酸敗牛奶或腐臭魚肉的氣味，要不動聲色，根本是不可能的事！我們的免疫系統只要一見到有誰咳嗽就會立即啓動，或者僅需腐敗食物的氣味，就能讓我們退縮不前，有時又被稱爲行爲上的免疫系統。避免攝入細菌和病毒總是勝過進到體內再來處理，而且，正如其名，許多研究者認爲這種延伸出來的免疫防衛機轉構成人類行爲。那麼，是什麼影響行爲？情緒感受！當我們覺得心情低落時，會退縮、離群獨居，拿棉被把頭蓋住。有些研究人員認爲，**憂鬱的感受可能是大腦幫我們避免感染的方法，不然就是在保留能量對付感染**。

總而言之，當我們想到免疫系統時大腦常會想到的東西有：抗體、B細胞和T細胞，而這只不過是其一方面。另一方面是行爲，透過這部分大腦生成感受要我們在面臨感染風險之際選擇退讓、逃避。而且，因爲身體——還以爲我們是生活在大草原——把壓力解讀成高度感染風險，把持續、長期壓力視爲隱約可見、一直存在的傷害及感染威脅。爲了應付這項威脅，大腦的反應是生成感受讓我們退縮，並且心理上站好不要亂動。換句話說，就是憂鬱症。

推論至此，你可能會這麼想：沒錯，理論上是說得通的，可是我怎麼曉得大腦眞的是照這方式運作？那麼，就讓我們更仔細檢視研究的結果吧。

## 為什麼發炎會讓人心情不好？

曾經一度以爲大腦和免疫系統完全分開，而且後者絕對無法影響到大腦。如果肌肉受傷感染，會有一群名爲細胞介素的蛋白質形成，而且這些物質會確保免疫系統開始攻擊感染。但是這些細胞介素也具有另外的重要角色，那就是要通知身體其他部位，已經受到感染了。直到二〇〇〇年代初期，醫學教科書都還是說細胞介素會發出「這兒感染了」的信號給體內每個器官，只有一個重大的例外：大腦。據信，由於和免疫系統不相連，這些信號實際上無法抵達大腦，而這想法最終被醫學研究證明是錯的。這項發現是醫學上的大事，激發密切的精神科研究活動，因爲研究人員試圖精確指出身體發炎是否能夠影響人們的感覺和行爲。

一開始是用實驗大鼠測試。如果注入細胞介素，牠們會退縮並且會出現一些行爲——若是發生在人身上將被解讀爲憂鬱症。接下來是對人的試驗，得到相同結果：注射之後，受試者覺得心情低落、高興不起來。

另有一條線索，來自接受C型肝炎治療的病患。一九九〇年代，發展出非常成功的治療方法可對付C型肝炎，病人接受注射，將通常是在病毒感染時白血球會生成的一種物質注入體內。有趣的是，這些病人當中約有三分之一變得心情憂鬱——即使可能會要命的疾病總算得到治療，病人的感受並非如釋重負，反而感到沮喪、憂鬱。治療之後，這種狀態往往煙消雲散。同樣現象也可以在注射過傷寒疫苗的人身上看到。他們會在很短暫的時間感到心情低落，通常是注射後的幾個小時內。

總而言之，到了二〇〇〇年代初期，有很多徵象都指出免疫系統和大腦之間有所連繫。與研究人員之前所認爲的恰好相反，大腦和免疫系統看來根本不是分離開來的，事實上卻是存在錯綜複雜的連繫。

免疫系統的活動似乎具備影響心理健康的潛力，而且這類免疫活動的增加好像是憂鬱症的促成因子。憂鬱症病人脊髓液（包圍著腦部和脊髓的液體）內的促炎性細胞介素濃度較高，這發現更進一步強化了上述懷疑。

## 透過壓力測試發現憂鬱風險

談到最新、最熱門的醫學研究結果，總是要冒著期待破滅的風險。把引人注目的發現拿去進行涉及成千上萬個體接受壓力測試的大型研究，若是研究結果不太能配得上先前的承諾也不稀奇。二〇一〇年代初期，深入免疫系統與憂鬱症之間連繫的研究出乎預料地，從小型、有指望的實驗飛躍式進入大型的研究階段，而且至今期望尚未破滅。

丹麥的研究者分析來自七萬三千人的數據，發現罹患較緩和憂鬱症狀、疲勞和自尊低落的那些人往往擁有較高濃度的C反應蛋白（CRP）——這是一種發炎指標。CRP濃度越高，症狀越多。還出現一個現象，CRP濃度較高的人更可能曾經因憂鬱症住院治療，也更可能服用抗憂鬱劑藥品。此外，研究者發現患有憂鬱症的人似乎體溫稍稍偏高，也就是一種低度發燒現象。這可能是一種治癒感染的方式，因為普遍認為發燒的主要作用，是抑制細菌和病毒在體內繁殖複製。

指向憂鬱症與免疫系統之間有所連繫的最終、最重要一塊拼圖，來自遺傳學。本章一開始就說過，並不存在單一的憂鬱症基因，而是許多不同基因參與決定得到憂鬱症的風險。事實上，有一項大型研究認出了四十四個不同基因全都可能與憂鬱症有關。這些基因有很多影響到大腦和神經系統，這並不特別讓人驚訝——我們會期待影響到憂鬱症風險的基因也會影響到大腦。但是許多這些基因也影響到免疫系統。它們似乎具備兩個功能：增加憂鬱症風險，而且也會啟動我們的免疫系統。

## 現代生活綁架人類的防衛機轉

意識到免疫系統與憂鬱症之間的連繫，這對於要盡可能感到心理狀態良好很重要，若想了解其中原委，就必須開始仔細解剖兩個常被搞混的觀念：感染和發炎。

所謂感染是指身體曝露於細菌或病毒之類的病原體。同時，發炎是指身體對於所有刺激的反應——從壓力、傷口和毒素至細菌或病毒攻擊等。發炎可因感染導致，但也可能因其他因素造成，例如一直搔抓手臂直到出現紅斑→發炎。切麵包時滑了一下割傷手指→發炎。胰臟把消化液洩漏到腹腔內，有致命危險→發炎。

不論身體的什麼部位發炎，都會發生以下情況：因組織受損、壓力、細菌或病毒影響到的細胞，以細胞介素的型式發出求救信號。這會增加流至受影響區域的血液流量，以致白血球可抵達並且擊退任何入侵者。血流增加導致腫脹，這就給神經造成壓力，使得該部位感覺痠痛。

發炎是很多疾病的構成要素，我們很容易就被騙，誤以爲這是個沒有必要的多餘東西。這個想法眞是大錯特錯。要是**不靠發炎，人類根本無法存活下來**。不過，人生大部分時間裡，這個好東西好得過頭了。持續一段長時間的發炎會造成問題，如心臟病發作、中風、風濕病、糖尿病、帕金森氏症和阿茲海默症，這些疾病都是長期發炎具有關鍵影響力的常見例證。

換句話說，長期（慢性）發炎爲一系列嚴重疾病鋪好基礎。不管身體哪個部位發炎，程序幾乎都一樣——細胞介素確保加量血液流至發炎的地方。這就引起一個問題，爲什麼人類帶有這麼大的弱點，而且這弱點有可能會傷害到多個不同器官。是演化所犯的錯嗎？才不呢。如你所知，發炎是要保護我們不遭受祖先們年輕時曾經遇過的威脅，例如像是致命的細菌性及病毒性感染。長期發炎所致疾病往往會在人生後期發作，而且，如你所知，人類的發展是要順利撐過曾經在祖先們年輕時席捲而來的威脅。在演化的天平上，發炎提供對抗細菌和病毒的防護，並因此戰勝史上大多數人未能活到的年紀可能造成的疾病威脅。

不過，更爲要緊的是發炎的觸發因子本身已經變了。整個人類歷史中，發炎大概主要是由細菌性和病毒性感染、傷口和外傷所造成。不過，如今我們生活型態的許多面向也會導致發炎。舉例來說，已經證實長時間久坐會導致肌肉及脂肪組織發炎。同理，長期壓力（再強調一次，是指經歷好幾個月或好幾年，而非幾天或幾星期）似乎會增加全身各處的發炎程度。缺乏睡眠和環境毒素，也具有相同的效果。加工食品導致胃腸發炎；肥胖導致脂肪組織發炎；抽菸導致肺臟和呼吸道發炎。

歷史上會導致發炎的那些東西：細菌、病毒和受傷，通常是一時痛苦，然而**如今的發炎成因：久坐不動的生活方式、肥胖、壓力、垃圾食物、抽菸和環境毒素，傾向於持續一段很長的時間**。因此，之前曾是短暫的身體作用，如今運行得比原先打算得更久。若身體能夠判斷發炎的成因，藉此讓免疫系統避開不必要的動員，這些狀況就不必然會成爲問題。問題在於身體似乎把所有的發炎形式都搞混在一起，將生活型態因子誤認爲來自病毒和細菌的攻擊。

正如同身體不能判定發炎是由感染或是生活型態因子所導致，大腦也做不到。現代的發炎來源將相同信號送往大腦，和來自病毒和細菌的攻擊一樣。如果這信號不受管束運作一段長時間（現代發炎來源往往就是如此），大腦收到的訊息會是：「我處於一個生命受到威脅的境地，還遭受持續不間斷的攻擊！」大腦的反應就是把情緒調低一檔，讓我們退縮逃避。心理上我們便站在原地不動了。

如此一來就會持續一段長時間不退，只因爲現代的發炎來源不會就這麼消散淡去。結果即導致長期的心理停滯，也就是憂鬱症。所以，**憂鬱症是發炎所導致的眾多疾病之一**。

## 今日的主要發炎源頭

讓我們更仔細探討**現代的兩大主要發炎來源：長期壓力以及肥胖**。身體的主要壓力荷爾蒙——皮質醇會動員能量。如果有一隻凶惡的狗對著你叫，皮質醇的濃度會飆高以供給你肌肉所需能量好讓你調頭就跑。當危險過去了，皮質醇會再發揮另一項目的，就是抑制身體發炎。換句話說，皮質醇控制著何時發炎應該被「關閉」。

如果我們曝露於長期壓力下，血中帶著高濃度的皮質醇四下遊走，身體終將習慣這樣的濃度。這就像是放羊的孩子呼叫了太多次，到最後沒人在乎他的警告。同理，身體停止對皮質醇做出反應，因而喪失抑制發炎的能力。這跟這有什麼關係？

這麼說好了，因爲小規模發炎一直出乎意料地突然發生，例如皮膚出現小切口，或輕微肌肉拉傷，或血管受損（這其實還蠻正常的）。雖然皮質醇通常會確保這些發炎受到控制，但要是身體停止對它有所反應，那麼它們就會持續惡化，增加身體的發炎程度。這也就是長期壓力所導致的結果。不過，各位可別妄下定論，認爲所有壓力都是危險的。正好相反，壓力是人類存活的關鍵要素。只不過，我們的身體並不是爲了讓壓力系統一直保持開啓所設計而成，因此接下來身體就會變得易於對皮質醇免疫而導致發炎程度升高。

關鍵字是恢復。在這個例子裡就是要關閉和壓力有關的生物性能量動員。大多數人能夠良好應付壓力，只要有時間恢復即可。需要多少時間則因人而異，不過有個好用的慣性原則：在負擔低的時候，兩次事件之間通常有十六小時就夠了。若是工作負擔較重時，就需要更長的恢復時間，例如週末，或是偶爾來個長假。恢復的重點以睡眠、休息和放鬆爲優先，並且要將其他一定得做的事減到最少。

除了長期壓力，體內大多數發炎是由肥胖造成。一般人都知道，我們的脂肪組織並不是個被動的能量儲備場所；它藉由釋放會啓動免疫系統的細胞介素向身體其他部位發出信號。你可能會覺得奇怪，爲何身體要動員免疫系統對抗它自己的能量儲備所，明顯是把自己看成威脅？雖然沒有誰能提出定於一尊的答案，但有個可能性是肥胖或許在過往人類歷史裡根本不存在。因此，身體把不正常的臃腫解釋成某個外來物，試圖以發炎屏除腰際「入侵」的肥肉。已知肥胖和憂鬱症風險增加有關，雖然這當然也和大家心知肚明的「超重」汙名有所關聯，也可能（至少有部分）是因為脂肪組織中的發炎提升憂鬱症風險。

## 發炎越是厲害，感覺越糟？

讓我們來總結一下。你我已經進化成狩獵採集者的生活，而久坐不動的現代生活型態及持續不斷的壓力，造成更高程度的體內發炎，然後這被大腦解讀為一種威脅——因為這正是在幾乎整個人類歷史中發炎所代表的意義，並且因此大腦認為我們正遭受持續攻擊。所以它試圖藉由調整我們的感受，要我們退縮離開，畢竟感受是用來指導我們的行為。大腦調低我們的精神，導致我們心情低落不舒服，然後變得畏畏縮縮。換句話說，發炎就像是我們的感受恆定裝置發揮作用——發炎越是厲害，感覺越糟。對某些人來說，那個恆定裝置似乎特別敏感（有部分是由我們的基因決定），而這就增加容易罹患憂鬱症的可能性。

這是否表示，每一位得到憂鬱症的人都在體內有個發炎作用？不，並非如此。

發炎是憂鬱症幾個主要原因之一，卻不是唯一。據信，憂鬱症病人中約莫有三分之一是由發炎引起。這麼一來，你可能會認爲情況若是如此，抗發炎用藥自然有助於治療憂鬱症？無巧不成書，有許多藥物確實是這樣沒錯。阻絕促炎性細胞介素形成的藥物確實在治療憂鬱症方面取得若干成功，但是並不足以獨自發揮作用。無論如何，它們都顯示出能增強其他抗憂鬱用藥的效果，只要憂鬱症是因發炎而起。不然，它們的效果微乎其微。

## 以更寬廣的觀點看待憂鬱

我的憂鬱症病人幾乎都想不通是什麼東西促使他們發病，大多數人懷疑是社會因子：人際關係、工作上或學校裡發生的事情。依此來看，當然很難理解憂鬱症或許可以達成什麼目的。不過，正如同我在本章已有的描述，我們應該從生理學角度來看待憂鬱症，以我們和細菌及病毒的關係加以詮釋。只要這麼做，就不應想當然耳地以爲這些病原體如今對人類的威脅相對緩和，但事實上（人類生活於地球上的九十九．九%時間當中）它們讓許多人都付出生命。因此，**憂鬱的症狀可以是一種潛在而意識不到的防衛機轉，且曾經拯救人類克服各式感染**。不過，在現代社會裡，生活型態因子提出的觸發因子把這些防衛機轉推上加速檔。

我採取生理學觀點，而不僅是心理學觀點來看待憂鬱症，從中學到幾件事；就生物學觀點，憂鬱症並不比肺炎或肥胖更少見。肺炎、肥胖或憂鬱症都和人格缺陷沒什麼關係，興高采烈地鼓勵患有憂鬱症的人，要他們「振作起來」，就和對著肺炎或肥胖的病人這麼講一樣詭異。同理，正如同人會爲了肺炎或肥胖症尋求醫療關注，患上憂鬱症的人也應該這麼做。

當然，了解更多憂鬱症背後的生物學及爲何會發生的原因，並不會自然而然表示我們可以克服憂鬱症。但它可以是個好的開始。曉得免疫過程如何影響我們的大腦和感受，讓我們能更認眞地看待已成老生常談的生活建議。當然，你我都心知肚明，如果可以做運動、睡眠充足，試著減少不可預期且長期的壓力，會感覺好很多。不過，一旦我們理解爲何如此作法會有效的生物學邏輯，這個建議就有了更深層的意義。若我們曉得利用運動、睡眠、減少壓力和恢復一起發揮作用以減少發炎，然後避免大腦接收到時將它錯誤解讀成受攻擊的信號，就更能把上述幾項列爲最優先該做的事情。不管怎麼說，這並不表示凡事只要和發炎扯上關係（例如特定的某些食物）都可用來治療憂鬱症。很不幸的，事情並沒有那麼簡單。

這知識也有助於讓我們了解，爲何工作環境將人類曝露於每週七天、每天二十四小時的不可預期壓力會導致憂鬱症。以無感或退縮來對抗如此情境，並不是一種病徵，這是健康的反應。在這種狀況下，最佳解決之道通常是去改變那樣的工作環境。當然啦，說比做來得容易，但重點依舊是：對不正常環境的不正常反應是正常的行爲，並非腦子生病了。

我在前一章提過，從大腦的觀點來看焦慮症極具價値，也讓我大爲震驚，因爲這就使得人們比較不會輕易認爲自己有問題。同樣道理也適用於憂鬱症。若從大腦的觀點來看，不僅發現自己並非「有什麼地方壞了」；我們還了解憂鬱症是暫時現象，就如同所有的感受一樣會消退。當你覺得人生如此黑暗深不可測時，提醒自己我們是生物，會相當令人安心。這狀況會過去的，即使目前一點都感覺不出來。但，人類就是如此打造而成。你並不孤單，而且是至少有兩億八千萬人陪伴著你。

不過，我還是要再講一次，並不是所有憂鬱症都可用壓力和發炎解釋。我們會變得憂鬱可能還有其他理由，和防禦細胞與病毒毫無關係，但總是有其目的。現在就讓我們仔細探討其中一個目的。

## 暫時的蹉跎不見得就沒價值

我二十四歲時，決心要來個人生大迴轉。我幾乎已從斯德哥爾摩經濟學院的經濟學科畢業，還完成了投資銀行和顧問公司的暑期實習。然而，在此同時，我內心掙扎不安，不知這是否眞的是我所要的。這個問題在進大學的第一天就已占據我的思緒而且與日俱增，最後變得無法忽視不管。

我對自己擘劃的未來總感覺毫無生氣。不管我想要完成的是什麼，每項挑戰、每個成就，全都濃縮成一件事：賺得最多的就算贏。我即將跨入的專業界，到最後一切都化約成錢。我這一趟人生眞的想要這麼過嗎？或者，我應該全都放掉從頭再來？現在我能了解這問題實在是「富人病」的最佳寫照。初出社會乳臭未乾的小夥子估量是否要拒絕送到面前的大好前程，其實根本算不上是什麼人生危機。我也可以看出這應該是個簡單的決定；唯一的損失只是要換學科，再說我還很年輕。但在爭強好勝的二十四歲的我眼裡，我也算是已經走在退休生活的半途上。在那個時候，在人生這麼「晚」才轉換跑道感覺好像很重要，而且這表示要損失四年，因爲這樣使得我無法輕易做出決定。

一整個冬季和春季我都躲了起來。沮喪又失眠，我在腦子裡把這問題翻來覆去想了一遍又一遍。思前想後，做了個決定，然後又改變主意。改回來，又再改回去。我覺得心情低落，整個人提不起勁，除了腦子裡打轉的這件事以外，難以專心集中注意力，即使我都是自己一個人暗自苦惱。一年之後我踏進卡羅琳學院的大會堂，開始習醫。回過頭看，我知道這算是此生所做過最重大的決定之一。我經常在想，是否那段低潮期恰好讓我能做出終究要做的決定。

身爲一名精神科醫師，我見過許多遇到心理健康問題的病人也被某個重大決定困住無法脫身。他們很少暢談那件事，但當我一提問，往往都能正中目標。有位女士告訴我，她想要離婚；有位男士想要辭職離開他已經待得太久的公司，換換工作；還有位病患多年來一直在申請戲劇學校，經過無數次失敗嘗試後，開始考慮是否應該就此放棄演藝事業大夢……每回遇到這類病人，我都會看到自己二十四歲時猶豫躊躇的模樣。他們在腦子裡把這問題翻來覆去想了又想，做了個決定，然後又改變主意。改回來，又再改回去，一直處於心情低落狀態。

我很驚訝大部分的人結局都還不錯，跟我的狀況很像。不管這段時光有多麼不舒服，左思右想、立場搖擺不定是他們能做出重大決定的基礎——就好像一切都必須被帶到大腦掌管情緒的部分。畢竟，生命就是一長串的各種決定，而大部分決定我們的大腦都能自動處理得很好，但有些決定卻沒法輕鬆看待。這會不會是我們的大腦在面對改變人生的決定時，運作方式不一樣？憂鬱症狀會不會是一種將我們與日常分心事物屏蔽起來的方法，好讓我們可以將全部精神都投注於思索一個重大課題？當然我的個人經驗遠遠不足，因此再讓我們轉向研究成果吧。

## 大腦要你心情低落，自有健康的理由在

很有意思的是，還眞有研究探討人們的感受如何影響智力呢。其中有一個是給兒童看一些影片、聽聽音樂，讓他們感到歡樂或是憂傷。之後，要他們進行心理測驗，包括在圖案裡迅速找出各種樣式，並且要注意到細節。我個人預期歡樂的兒童表現會較佳，但結果恰好相反：歡樂的兒童其實要比憂傷的表現更差。有個可能的解釋，是說**我們感覺良好的時候會停止探求缺失**——沒問題幹嘛去自找問題？若我們感覺良好，就容易淪於只見美好遠景而忽略了細部圖案。有趣的是，**我們感覺良好的時候似乎更容易被騙**，這也許是因爲我們並沒有以這麼嚴格的眼光分析細節。然而，當我們心情低落的時候，正好相反，就像是拿細齒刷爬梳訊息般，吹毛求

疵。

儘管被音樂引發的歡喜或沮喪心理狀態，和感受快樂或憂鬱並不是同一件事，但研究依然揭示出耐人尋味的內容：我們的感受方式似乎與智力攜手並進。當然，在特定時刻我們所需的智能有所不同。有時或許需要挑剔、一絲不苟的解決問題能力——有辦法停下來思考，放大檢視威脅及挑戰，考量各種問題。這麼做的時候，我們比較容易覺得心情低落。其他時候，最好能懷抱遠大志向，前瞻未來，不怕冒險，而這樣的時刻，我們通常比較容易感覺良好。

畏縮逃避可能是人類大腦分析改變人生大哉問時的策略，即所謂分析性思維反芻假說。我永遠不會明白是否這就是二十年前那個冬季及春季我所經驗到的狀況。重點並不是說無精打采、抑鬱寡歡總是對我們有好處——相反的，往往帶有破壞性，甚至會在面對決定當前讓我們失去行動力。重點反而應該放在我們可用的各種心智能力中，若是有那種能放入與憂鬱症手牽手的心智能力也很不錯，正如同它在遠古時代就已經能幫助人類可以不顧任何代價地拔腿就跑。

這種說法聽起來是否太過牽強？如果你這麼覺得，想想你這生當中是否曾經心情低落，甚至退縮逃避，再想想是不是那段時光最後帶你來到某個境地，而且結果明顯地呈現出先前的痛苦都值得了——也許你下定決心，解決一個在你腦海裡長期縈繞不去的問題。也許你並不會想要抹去那個經驗，因爲你從中學到東西。也許你已經有過那種經驗，也許還沒。學到的東西會有用，並不表示每次都有用。

因此，大腦會要你心情低落像是得到憂鬱症，或許是有完全健康的理由，和壓力或對抗細菌和病毒的古老防衛機制一點關係也沒有。雖然這麼說，和大腦有關的事項多半相當複雜，若是談到憂鬱症那更是如此。爲什麼一個人會變得沮喪憂鬱，往往很難給出一個果斷的答案。事實並不是非黑即白，而是無窮盡的連續灰色調。我們不能說所有的憂鬱症都有其目的，或者說它的原因若非發炎，就是正在構思改變人生的決定。然而，在這道連續灰階上，以絕對可以應付的心理壓力爲始，終究成了難以駕馭的生物性防衛機轉，我們往往低估生物學的重要性。即使大多數憂鬱症涵括了一項成分：沒什麼用處的功能失調東想西想。有時甚至還會帶有退縮逃避成分，讓我們有空間可以做出改變人生的決定。

如果我們認爲出現焦慮和憂鬱，就自然而然表示大腦壞了或生病了，很顯然是忘記**大腦的主要目的是求生存，而不是要追求幸福**。當然，這並沒有改變以下事實：憂鬱症和焦慮可能會讓人變弱而無能、崩潰，甚至殺害他人。下一章，我們要更仔細探討幾個關鍵的治療要素，其中最主要的，是從大腦的觀點避免憂鬱症和焦慮。

一開始要談的東西你可能會覺得乏味無趣，但它自古以來就是人類墮落的原因：孤寂。

Topic

當你覺得人生黑暗深不可測時，提醒自己我們是生物相當令人安心。這個狀況會過去的，即使目前一點都感覺不出來。但，人類就是如此打造而成的。

# 第五章
# 孤寂

凡人面對虛空會嚇得顫抖，不計代價要尋求人際接觸。

——雅爾瑪．瑟德爾貝里

（Hjalmar Söderberg，作家，成名作《格拉斯醫生》）

想像一下，有一種病況會影響超過三分之一的人，而且每十二個人就有一位嚴重到幾乎等同每天抽一包香菸那麼危險。這種病眞的存在，它的名字叫作孤寂。近幾十年來最讓人想不到的醫學研究發現，其中有一項是說，「親朋好友不僅讓我們生活更富足，還可以讓我們活得更久，更健康。」換個說法，就是「若少了親朋好友，人們的健康就要遭殃。」本章我們將詳加探討孤寂對人有什麼作用，爲什麼它對身心皆造成重大衝擊——當然，還會論及應該怎麼處理這個狀況。

不過，在我們進一步討論之前，究竟何謂孤寂？「想要有的社交程度與體驗到的程度之間，存在令人擔心的差異」，就算是以醫學的標準衡量，這實在是個少見的枯燥定義。其中強調的重點在於：我們所擁有的社交互動與我們希望能夠擁有的社交互動，兩者的分量有所差異，這就稱爲孤寂。由於我們的社交需求不同，不可能以臉書朋友、飯局、耶誕節賀卡或接聽電話的數目來將孤寂量化。以我個人來說，獨自一人很快樂，並不需要很多人圍繞身旁才覺得舒服，然而我有許多朋友若是得自己一人待上幾小時就會陷入恐慌。由此可見，孤寂是主觀的，不能和獨自一人劃上等號。即使獨自一人時，也能體會到與他人強烈的親近感，而且就算身旁有很多人，也有覺得離群孤立的時候。簡單來說，不論你的社交生活狀態如何，覺得孤寂，就是孤寂。不覺得孤寂，那就不孤寂。

若是擔心一陣子短暫的孤寂對健康會有什麼影響，那你大可放心，孤獨寂寞得要花很長時間，譬如好幾個月，甚至好幾年才會提高罹病風險。短期間感到孤寂不僅沒危險，其實也很難避免。孤寂是人類生物性的自然現象，幾乎所有人都偶爾有這種感受。**期待絕對不要體驗孤寂的滋味，就像是期待絕對不要感到焦慮一樣，並不實際。**

## 孤寂與憂鬱症

孤寂會增加罹患憂鬱症的風險，這絲毫不令人意外，不過大多數人並不明瞭憂鬱症和孤寂之間的關聯究竟有多緊密。根據一項研究，患有憂鬱症的人覺得孤寂的可能性，是全體人口的十倍。我當精神科醫師才幾個月，就大爲震驚：不管是二十多歲、中年，或年紀更大，覺得孤寂且孤獨的病人是如此之多。有些人已經孤獨了一陣子，不過他們大部分的孤寂感似乎是伴隨著憂鬱症出現。這就讓我好奇了，是否憂鬱症是孤寂的副產品，或是我們退縮並自我孤立的原因。又，何者爲先，是憂鬱症，還是孤寂？

澳大利亞有一群研究人員，對五千多名平均年齡爲五十歲的人做了研究。受試者被問了一系列的題目，是關於他們心情如何，以及參加了多少的社交團體。這些團體可以是公益組織、政治社團或宗教組織，或只是一群人從事共同嗜好。範圍包括：讀書俱樂部、合唱團、烹飪同好會、縫紉教室和運動俱樂部，一直到像是教區社團、愛犬俱樂部、橋牌俱樂部及公司的五人制足球社團等。

兩年之後，同樣的人被要求再次回答問題。巧的是，有些在第一次調查時顯現憂鬱徵兆的參與者，到了第二回就不再顯示此類跡象。困擾減緩的那些人當中，有很大比例是在兩次調查的這兩年間，參加了一個以上的社交團體。加入社交團體並投入其中以排遣孤寂，與復原的展望獲得改善有關。這徵兆表示往往是孤寂先來，隨後才是憂鬱症，不過當然並非總是如此。若孤寂不再，很有可能就不會罹患憂鬱症。

這研究讓人感興趣的並不僅在於社交團體的作用顯著，而且其功效還隨著受試者所參與的團體數目而增加。參與一個社交團體的人，憂鬱症風險降低了二十四%，而參與三個社交團體的人，風險則減少了六十三%。有了這樣的數據，我們可以很容易推論出，孤獨和孤寂會是今日所見憂鬱症的重大促成因子。的確，許多證據表明，事實正是如此。有一項雄心勃勃的研究，追蹤大約四千兩百位受試者，期間長達十二年，結果發現五十歲以上的人之中，幾乎有二十%的人憂鬱症是源自孤寂。研究人員更指出，患有憂鬱症的人中有五分之一會患病，也是因爲孤寂所致。

## 出乎意料的發現

然而，受孤寂影響的並不只有大腦而已，整個身體也都會受到波及。一組研究人員下定決心，要找出爲何某些罹患心臟病的人可以活下來，而其他人無法倖存。他們追蹤一萬三千多名曾遇上心臟病發作的病人，或患有心律不整、心臟衰竭、心臟瓣膜疾病者。受試者得揭露是否抽菸、喝酒、有什麼家族病史，以及個人的總體健康狀況等。他們還被詢問一些出乎意料的問題，是關於有沒有經常覺得孤寂，以及他們若有必要是否有對象可以傾訴。

幾年之後研究人員進行後續追蹤，發現菸不離手、飲酒不節制的心臟病病人死亡風險增加，而感覺孤寂的人也有同樣傾向。更驚人的是，不管是罹患哪種心臟病，同時感覺孤寂的人死亡風險幾乎翻倍。這會不會是因爲孤寂的人過著不健康的生活所造成？畢竟，孤寂的人比較容易沒人在身旁叫他們出門做運動、叫他們別抽菸，或叫他們少吃點垃圾食物。爲了探究這個疑問，研究人員把運動、抽菸和飲食都從計算中剔除。即便如此，孤寂依然是早夭的促成因子。看來這種狀態本身就夠危險了。

一項針對大約三千名乳癌婦女所做的調查，出現同樣清晰的模式。孤寂且社交孤立的人，更容易死於癌症。將一百四十八個研究合併計算，參與者總共超過三十萬人的數據彙整起來，其中有朋友和社交支持網絡的人，中風或心臟病發作後的死亡風險降低，就和很重要、而且是眾所周知的避免因子，如戒菸及規律運動具有同等效力。換句話說，若談到西方世界最常見死因（心臟病發作），以及排名第四的死因（中風），孤寂促使死亡風險增加，程度之大可和抽菸相提並論。有了我方才提到的這許許多多的研究成果，很多研究人員已得出結論，認爲**孤寂就像是每天抽十五根香菸一樣危險**。初次讀到這結論讓我大吃一驚，孤寂怎麼可以對身體造成如此傷害，眞想不通。

## 戰鬥或逃跑反應

正如我們所知，大腦是靠極大量的神經幫忙，指揮身體的各個器官。大多數都超乎我們控制——我們毋須去想大腦、腸子或肝臟應該如何工作。這個神經系統的不自覺部分，即自主神經系統是由兩個部分組成：一是交感神經系統，二是副交感神經系統。交感神經系統和人類戰鬥或逃跑的反應有關，而且當我們恐懼、氣憤或緊張時會觸發這項反應，使得我們的脈搏加快、血壓上升，把血液送往肌肉以準備好採取行動，也就是繼續反擊或是逃入山林。

與交感神經系統相反的，我們的副交感神經系統則和消化及平心靜氣有關。當我們徐緩呼氣時，神經系統的這個部分被激化，正如同之前討論焦慮時已經稍稍談到的，副交感神經系統把脈搏調低，並把血液送往腸胃以便消化食物。現在你體內自主神經系統的兩個部分皆被觸發，由哪一個主導則是持續地變化著。當你跑著追公車，或在一場重要發表會之前感到緊張時，是由交感神經系統指揮。一旦發表會結束而你坐下來吃午餐，就會由副交感神經系統主導。

若假設孤寂觸發副交感神經系統，也不會太過牽強。畢竟，一個孤寂的人有時間放鬆，沒人要跟他戰鬥，也不需逃離誰。可是，看來或許奇怪，事實上眞相與此恰好相反。孤寂觸發交感神經系統，並且連結至我們戰鬥或逃跑的反應，而不是連結至平心靜氣或消化。

長期孤寂讓身體準備好戰鬥或逃跑，不過是和孤寂有關一長串看似矛盾發現的第一項。這些發現包括：當我們孤寂時，認爲周遭環境及其他人更具威脅性。我們變得對他人的面部表情更加敏感，而且以不一樣的方式解讀這些表情。中性表情似乎稍有威脅，而稍沒有同理心的面容，感覺起來充滿了敵意。大腦對其他人可能以負面態度看我們的徵兆超級敏感，而這就表示我們認爲身旁的人是來競爭的，不會提供協助。原本認識的人，開始感覺像是陌生人那般。簡言之，**我們感到孤寂的時候，世界變得不那麼和善，而且更具惡意。**

## 團結力量大

我們很難確認人類爲何要如此運作，不過一如前述，如果把眼光往回望，就可以從歷史中找到一個可能的解釋。人類出現在地球上的時間裡，有九十九．九%是爲了求生存，彼此依賴。面對大自然降下的所有危機與災難能倖存的少數人，是一起努力才能辦到，他們也因此成爲我們的祖先。各位能夠閱讀這本書，正是祖先們團結在一塊，彼此互相保護的結果。團結就等同於生存，這表示擁有強烈欲望要創造並維持社交連繫的那些人有更好的機會可以度過難關。身爲這些倖存者的後代，你我已繼承了一項根深柢固的本能，要創造並培育社交連繫。換句話說，**大腦用幸福感獎勵團結，是出自純然自私的理由：這麼做會增加我們生存的機會**。反過來，孤寂造成的不舒服是大腦要告訴我們，必須處理社交需求。當我們感到孤寂時所呈現的狀態，會被大腦解讀爲死亡風險加劇，因爲幾乎整個人類歷史當中，這正是孤寂所代表的意義。

從這個觀點來看，就比較容易了解，爲何孤寂和戰鬥或逃跑反應有關，而不是和消化與休養有關。以大腦的角度來看，若我們陷於孤寂而沒有人來幫忙，就需要留神注意是否有危險。我們採取一種持續警覺的姿態，導致身體承受低強度、長期的壓力，而這時是由交感神經系統掌控。此外，已知長期壓力是和高血壓及高發炎程度有關，若由此來看，孤寂爲何會導致心血管疾病等的預後較差，就解釋得通，也相當可信了。

所以，孤寂代表著大腦將提升警覺性，而且我們的周遭環境看起來會比實際上更具威脅性。這種運作模式或許在許久以前曾經救過人類的性命，但是對你我來說，造成的傷害卻大過好處。如果我們把其他人看成帶有敵意，社交生活幾乎不可能改善，反而有風險被看成是傲慢、不友善。同理，沒根據地瞎猜別人的意圖就會讓我們拒人於千里之外：「他們或許其實並不想要我去參加那個聚會，那我也別去好了。」最後成爲一種惡性循環，使我們逐漸離群索居，並且以更負面的眼光省視周遭世界：「他們絕對不想要我參加。他們會邀請我，只不過是出於同情或是有求於我。我才不去呢。」

除此之外，研究已證實，**當我們長時間感到孤寂時，睡眠會變得比較瑣碎片段**。我們並沒有少睡，可是睡眠變得更淺，更常醒來。當然，爲何單獨入睡的人就應受懲罰，深層睡眠比較短，這種說法聽起來相當可疑；若沒有其他人在身旁翻來覆去，爲什麼還會更常醒來呢？關於這一點，歷史也留下了可能的解釋。如果某人獨自入眠，就沒有人能警告他危險來了，因此必須淺眠，而且只要極輕微的噪音就會被驚醒，這對離群索居的人來說非常重要。

## 比發生意外事故還糟

有一群參與實驗的受試者，應邀填寫一份被動過手腳的人格測驗，結果清楚證明大腦是將孤寂視爲危險。不管受試者反應如何，有些人被告知他們的人格特質顯示有高度風險將會孤寂一生；其他人則被告知，他們的人格特質涉及較高的意外風險；還有一些人被告知，他們的人格特質顯示前景良好，可擁有豐富的社交生活，有很多朋友，而且意外風險沒有增加。

拿到測驗結果之後，受試者立刻埋首好幾項心理測驗，評鑑他們的智商、專注力和記憶力。被說是冒著孤寂風險的那些人，要比被說是一生將會擁有富足社交生活、沒什麼意外的那些人表現更差。當然，這並不讓人驚訝。如果我們聽說自己有可能孤寂一生，大腦會立即分析，應該怎麼做才能避免受到排擠。「我要怎麼做，才能避免自己被排除於群體之外？」因此，我們的注意力浮動不定，可以想見心理測驗的表現並不理想。對於被告知會有涉入意外事故風險的那些人，情況也一樣；他們在各個測驗的表現也很糟糕。這個結果也並不讓人訝異。如果你發現自己冒著涉入意外的風險，大腦就會開始分析要怎麼做才能避免發生意外。你的注意力浮躁不定，可從較差的測驗成績反映出來。

有趣的地方在於：被告知人格特質會增加孤寂風險的那些人，要比被告知有較高風險涉入意外的人表現得更差。從大腦的觀點來看，未來的孤寂似乎要比未來的意外更具威脅性。因此，大腦會盡一切可能地去避免孤寂，排在最高優先處理，甚至高於意外狀況。想想看，暗指我們可能被排除在外的那些社交訊號，我們會多麼在意——「爲什麼她沒打來？」「爲什麼我沒被邀請去參加那場婚宴？」「爲什麼他們貼出一張野餐照，卻從沒問過我要不要參加？」要將這些想法從我們內心趕走，所遇到的困難會是源自：幾乎整個人類歷史當中，與被排除有關的訊號一直都表示發生極度嚴重的錯誤，甚至可能因此喪命，這樣的訊號需要即刻採取行動。

實際上，不論有沒有受邀參加派對，或者被當成空氣……排除某人基本上就等於發給他們一個訊號，告訴他們不再屬於該群體。這會被大腦解讀成一個緊急的課題，甚至是對生存的威脅，因而調高交感神經系統的活性。另一方面，接納某人（發送邀請，打電話或傳訊息給他們）就是送出訊號，表明他們是同一掛的。在接收者的內心深處，古老的機制會將此解讀爲：萬一發生什麼事，會有人出面幫忙。大腦不再認爲遇上危險的機會升高，而交感神經系統就可以調降檔次。

## 孤立與飢餓

美國麻省理工學院的研究人員曾做過一項實驗：要受試者獨自一人孤獨隔離十小時，待在沒有窗戶的房間，也不能使用手機。在這之後，進行MRI掃描以研究大腦有何變化。為確保受試者在實驗期間一個人也見不到，還要指導他們如何自行在MRI掃描機上擺放位置。一旦就定位，就拿出人們歡聚的影像給他們看。這時，大腦深處有個名叫黑質的區域被活化。受試者越是表明很想見到人，所過的社交生活越豐富，黑質活化的程度就越高。

接下來，受試者被要求必須禁食十小時，再做另一次MRI掃描，而且這次給他們看了食物的照片。有趣的是，黑質的活動模式和給他們觀賞人群聚會影像時的狀況類似。然而，大腦其他部分，例如獎勵系統，活動的模式則不相同，依據受試者渴求的是食物，還是有人相伴而有區別。

實驗的研究人員認為，黑質發出一個有所渴求的共同訊號——不管是想要食物、有人作伴，或其他什麼標的都一樣。其他部位的活性，則依照想要的東西是什麼而各有不同。對於飢餓以及社交需要這兩件事，大腦都運用一組類似的神經機構來處理。這表示從大腦的角度來看，建立並維繫社交關係的本能，就和吃東西一樣基本。

## 了解大腦的反應來克服孤寂

爲什麼本章要花那麼多篇幅，講述大腦對孤寂的反應如何？這麼說好了，要能理解才能克服。如果你感到孤寂，最好想想剛才讀過的大腦影響心理層面的後果，是否符合你的個人經驗。或許你眼中的世界要比實際上更具威脅性，或許你不該用這麼糟的心態看待自己。如果是這樣，就表示你的大腦正以符合預期的方式做出反應。

問問你自己，和其他人的交流互動，你所在意的那個人，是否眞的那麼糟糕？如果你對同事、同學，或隨便哪個路人所說的話起了負面反應，會不會是因爲你太過偏向負面感覺？當然，你的回答也可能是沒有，但是當我們感到孤寂時，說不定最好別一直聽從自己的想法——這道理就像是當我們感到焦慮時，別聽從自己的想法一樣。

更加了解關於孤寂對我們的影響，這項建議也得到科學的支持。美國研究人員綜合多個研究的結果，比較對付孤寂的不同取向，從社交能力訓練到支持團體應有盡有，原來最有效的方法，是要（有系統且在治療上）了解孤寂如何影響我們的思考模式及我們的自我認知。

想當然耳，要幫助其他人克服孤寂，認清這些機制也同樣重要。就算是同伴，偶爾也會讓我們覺得說話帶刺，而且沒有同理心，不必然表示他們不喜歡你或不想要任何協助，可能只不過是孤寂感作祟。

## 一通電話就能發揮影響

當然，實際上要以更寬闊的心胸檢視我們自己及我們的想法，還要看出孤寂如何影響我們，並不是件容易的事。那麼我們還可以怎麼做呢？二〇二一年冬天，當全世界都困於隔離和封城時，發表了一項研究，它所提供的觀點恰好解答了上述問題的要因。有一群研究人員以二百四十名年齡介於二十七至一百零一歲的人爲對象，這些受試者大多獨居。參與者被問了很多題目，是關於他們所體驗到的孤寂和孤立感受，然後依據受試者的回應給予「孤寂評分」。接下來，每一週會打好幾通電話給受試者，天南地北什麼都聊。一般來說，這些電話聊天並不會超過十分鐘。

經過四週的電話訪談後，再詢問同樣那些題目，並且算出一個新的孤寂評分。結果發現，這數字要比之前更低二十%，同時也觀察發現到焦慮及憂鬱的症狀都減輕了。偶爾的簡短幾通電話，爲什麼能有如此顯著的正面效果？他們是不是曾和受過幾十年訓練的心理學家談過，了解如何進行完美平衡，與最新研究並進，像刀鋒一般犀利的指導？一點也不。電話線另一頭的聲音，是來自一群十七至二十三歲的年輕人，他們只受過一小時同理對話的訓練。這個訓練可以用幾行字做個總結：傾聽你的談話對象；對他們所要講的內容要有興趣；要讓對方選擇談話主題。

研究只持續了四個星期，不過我們可以假設它一直繼續做了好多年。如果是用了這麼多的時間，確實有可能，這些簡短的電話訪談會造成受試者感覺沒那麼孤寂，並且因而得到等同於戒菸的健康效益。

## 多頻繁的社交互動才算夠？

讓我們轉個圈，繞回去看看受試者參與社交團體越多憂鬱症風險降低越多的那項研究。這就引發了一個問題：是不是社交活動越頻繁越好？還是說，好事太多也會變壞事？關於朋友的數目，究竟怎麼才算「足夠」？雖然對於孤寂的深入研究依然是個還在萌發階段的領域，而且個體與個體間有極多差異存在，似乎對少數幾個群體有強烈歸屬感比較重要，更甚於經常排滿各種社交活動。最重要的保護力似乎來自於擁有數量不多的親密友人，讓你可放鬆心情和他們相處。

史上最富盛名的心理學研究發現，少數的親密人際關係更重於許多泛泛之交。這研究始於一九三〇年代晚期，哈佛大學的研究人員想要了解幸福人生的組成要素爲何。當然啦，如此雄心壯志當然要有同等壯闊的研究計畫相襯，才不會讓大家失望。研究人員選出了五百位學生，另有五百位非學生的對照組，是來自大波士頓地區較貧困的地方，全部的人都要參與經常性的訪談，並且接受健康檢查。年復一年，受試者組成自己的家庭，他們的伴侶和孩子也都接受訪談而成爲研究計畫的一部分。

這項研究原本僅計畫持續十五年，但經歷了八十個年頭，如今依然順暢進行著。有些參與的人從他們二十好幾一路追蹤下來，至今已超過九十歲。有些人功成名就；其中一位，約翰·甘迺迪還當上了美國總統。把訪談的回覆、測驗結果及其他資料綜合起來，很明顯地對絕大多數受試者來說，最要緊的既非金錢也不是地位、名聲或權力，而是和家庭、朋友及同事的良好關係。主持這項計畫超過三十年的精神科醫師喬治·范萊（George Vaillant）做如下總結，而且要比什麼數據、圖表更有用：「研究一開始，沒人在意什麼同理心啊、歸屬感啊之類的。但健康樂齡的要素就是人際關係，人際關係，人際關係。」

哈佛研究開啓了一扇門，啓發無數饒富趣味的研究成果，如果你對於人類的幸福生活感興趣的話，十分推薦你仔細探究。有個相當有意思的發現很值得注意，就是在你一生歷程中，人際關係起起伏伏不太要緊。也就是說，有些時期這類人際關係沒那麼周全也還好。重要的是，曉得萬一發生什麼事情會有人陪著你一起度過。另一項發現則是，孤寂的經驗往往會隨這一生度過的歷程而有所變化。有些二十五歲的年輕人覺得自己極度孤寂，但到了後來就沒有這種感覺了。依據現任計畫主持人精神科醫師羅伯特．沃爾汀格（Robert Waldinger）的說法，在你三十歲之前，人格並不是「像水泥般固定不動」，事情總會有所變化。

## 虛擬世界無法滿足社交需求

Covid-19大流行期間，人們所擁有的數位資源成爲通往外面世界不可或缺的救生繩。隨著有越來越多工作會議、瑜伽課程、下班後的小酌，還有和醫師約診都採取線上方式，**花在虛擬世界的時間，往往多過眞實世界的交往**。沒過多久，世界各地的研究都開始顯示出**許多人都覺得承受很大壓力而且心情孤寂**。當然，一直被大流行相關資訊弄得應接不暇時會感受到強烈壓力，並不令人意外，因爲已有先例顯示別種傳染病曾對人類造成威脅。可是，如今透過網路相互連結的社會讓大家隨時都有機會虛擬地見到彼此，那會是什麼導致孤寂感增加？爲什麼我們的螢幕無法滿足社交需求？醫學研究往往不可能給出百分之百的肯定答案，但我們可從人類的皮膚裡找到線索。皮膚包含了僅對輕微觸碰會有反應的受器——不是對疼痛、溫度或用力擰有反應，僅僅是針對輕微的碰觸。

爲什麼演化要自找麻煩，讓人類配備一組只會記錄輕微碰觸的器具？事實上，這些受器只會在皮膚受到每秒鐘最多二·五公分的速度碰觸時，才會有所反應，剛好就和撫摸一樣的速度，這就給了我們一個線索。如果我們追蹤這些受器的訊號路徑，是由皮膚、大腦到位於腦底的腦下垂體後方，這又是另一個線索。腦下垂體的反應是釋出一組物質，統稱爲腦內啡。這些物質會緩和痛苦，並且產生強烈的幸福感。

第三個線索則是來自我們在生物界的表親，因爲這些受器同時也可以在黑猩猩及大猩猩身上找到。這些動物把二十%的清醒時間花在觸發這些受器，方法是彼此搓揉毛髮，這行為被稱爲「理毛」。動物的理毛行爲並非爲了保持毛皮乾淨，若是如此就不需要花上五分之一的清醒時間。要知道，搓揉皮毛也有其社交目的，藉此被理毛的，以及爲別人理毛的兩隻人猿都會釋出腦內啡，在兩者之間形成連繫。隨著人猿彼此照顧毛髮，就讓牠們有機會形成團體的連繫。

大猩猩和黑猩猩生活在由二十至三十隻組成的群體裡，因此理毛行爲就可以充分培育，並且強化群體內的社交連繫。可是，因爲理毛行爲只能一對一進行，能有效形成連繫的群體大小就有所限制。正如同本書一開始說的，從歷史上來看，人類是生活在最多一百五十人的群體中，就這點而言，人數太多而難以藉由理毛行爲把人群聯繫在一起。如果你每天必須撫摸那麼多人，就沒時間去做其他的事情了。

## 共享情感與集體理毛

英國的人類學家羅賓・杜巴（Robin Dunbar）決心探究，是否有什麼行爲可讓釋出腦內啡的大腦超出僅只兩名個體（也就是說，一位動手理毛，另一位享受理毛）下，也能達成集體理毛的效用，而且他推測開懷大笑或許具有同等效果。爲了測試他的假設，他要一群陌生人進電影院共同觀賞一部喜劇。爲了做比較，他讓另一群陌生人看一部冗長而無趣的紀錄片。然而，腦內啡極難測量，因爲它們並不會滲入大腦的血管裡，就算是測量我們血液中的腦內啡濃度，也不曉得眞正存在腦內的濃度有多少。因此，杜巴善加利用了腦內啡的減痛效果。他要受試者把兩手靜置於冰冷的水中，測量他們能忍受冰凍的時間有多長。

杜巴的推論是這樣的：由於腦內啡的突然釋放應會增加受試者的疼痛閾値，照理會讓他們把手放在冰水裡更久一些。而且，的確如此，曾經一起看過喜劇的那些人，手放在冰水裡的時間更久一些！有意思的是：他們還對彼此產生出一種哥兒們的親近感。他們進電影院時彼此還算陌生人，離開時卻已經帶著一絲共通性。至於觀賞無趣紀錄片的那個群體，疼痛閾値維持不變，也沒產生社群意識。

不過，眞的是腦內啡造成一起看喜劇的人們生出社群意識嗎？爲了找出眞相，杜巴和一組芬蘭的研究人員進行了另一項研究，採用的是所謂PET技術。PET是要讓受試者注射一種放射性物質，它會和其他物質結合，包括腦內啡。當此物質注入體內後，受試者被要求大笑，結果他們確實釋放出腦內啡。沒錯，一起大笑似乎眞的具有如同人猿彼此理毛的功效，其中最大的差別在於大笑可以強化的聯繫，比只有兩人還更多。這就能夠解釋，爲什麼人們聚在一起時，笑的次數要多三十次。對此，還眞的有人做過研究。

如果你走出電影院的時候覺得心情有所提升，說不定還會與其他觀眾聊天說這部影片有多好看，也許是因爲你的腦內啡突然濃度升高，湧現一股同在一起的感覺。杜巴決心探討其他比較沒那麼正向的感受是否也能發揮相同功能，就叫一群陌生人觀看更具情感缺陷的影片，演員的名字叫作湯姆．哈第（Tom Hardy）。在影片中，哈第扮演一名無家可歸，生活極爲困頓的嗑藥者，最後自我了斷性命。結果發現，這和一同觀賞喜劇有相同效果：對疼痛的忍受度提升，而且這群體感受到一種有所歸屬的兄弟之情。不過，與別人共同經歷一段悲劇或喜劇僅只是個開端。和別人一起跳舞，身體會釋出腦內啡。同理也適用於唱歌和運動，尤其是和群體一起做的話。參加音樂會跟著唱，在劇院裡看一部感人的戲劇，到電影院對著喜劇開懷大笑，或者參加團體健身課，你所體驗到的那種在一起的感覺似乎是由大腦釋放腦內啡所導致，這會造成與周遭的人團結一致的感受。杜巴認爲，像是大笑、跳舞及分享好笑或悲傷的故事等行爲，已經演化成更有效率的理毛模式。而這也讓人類有可能維持在一個更大的群體內，數目比我們在動物界的表親們還要多。總結來說，文化還眞的是生死攸關！

這些行爲共通的部分在於：我們得要一起做；許多人必須在同一時間體驗到相同的感受。如今這個時代，我們可看到有越來越多群體活動轉往線上，而理解這一點爲何如此重要？這麼說好了，腦內啡是藉由身體接觸刺激釋出，而大腦使用腦內啡似乎是友誼及親密感等相關生化程序中很重要的一環。這就明白指出，人類無法撼動的社會需求有個完全歸屬於身體的實際層面。在大流行期間人們被剝奪了這個歸屬於身體的層面，考慮到這個狀況，就能夠解釋爲何會有那麼多的人感到孤寂。人們需要在實際生活中彼此相見，互相觸碰，並且實際靠近，其理由極爲簡單，因爲我們強烈的社交需求就是從那演化而來。看來我們也許可將某些這類社交支持轉移到螢幕上，但並非全部。

杜巴認爲，雖然社交媒體和數位通訊可協助我們維持人際關係，要不然就已經分崩離析了，但是我們卻很難透過螢幕形成新的親密且有意義的人際關係。特別是在這數位時代，當我們面對面相見時，也就表示我們想要往這方面努力。正因爲一天只有二十四小時，上網占去的時間越多，現實生活中會面的時間就越少。杜巴認爲，如果有人能夠發明出虛擬碰觸，一定可以得到一座諾貝爾和平獎。這可以促進成千上萬的人彼此生出歸屬感，甚至影響到多達幾十億人。在虛擬碰觸發明問世之前，最好能夠記得我們的社交需求有個完全歸屬於身體的實際層面。

人類越來越數位化的生活型態，也對我們的心理狀態造成衝擊，這和缺乏實際相鄰靠近沒有關係，雖然這依然算是孤寂的面向之一。現在就讓我們更仔細地詳加探討該課題。

## 人在什麼時候最孤寂？

來自許多不同國家的多個研究顯示，約有二十～三十％的人經常感覺孤寂且遺世獨立。這種孤寂感如何在一生中起起伏伏反覆出現，通常因人而異，但即使存在這種個體差異，依舊有少許幾個模式值得詳加探究。十六至二十四歲的年輕人當中，這數字大約是三十～四十％。而三十五至四十五歲這個族群中，差不多有三分之一的人感到孤寂，至於四十五歲以上的人呢，他們往往覺得沒那麼孤寂。這可能是因為隨著年齡漸長，我們會更有選擇地進行社交活動，而且是把對我們最具意義的那些人排在優先順位。覺得最不孤寂的年齡組，是已經六十好幾的那些人。然而，很遺憾，過了八十五歲之後，孤寂感又再提升，據推測是因為許多人失去伴侶和朋友。

## 空洞無意義的需求

如果你是成年人，每天會平均花費三至四個小時在滑手機。如果你是青少年，這數字則介於五至六個小時，差不多是校外清醒時間的一半。人類的新數位時代，隨之而來的是人類歷史中最快速的行爲改變，而它會如何影響我們的感受方式尚屬未知。

照舊，我們必須更深入地探討數字背後的眞相，了解最重大的代價可能會是什麼？既然一天只有二十四小時，在螢幕之前待得較久，就表示更少時間做別的事情；更少時間在實際生活中和別人見面，更少時間做運動，更少時間睡覺。因此，很少有誰會感到驚訝，自從世紀之交，十四歲孩子所走的平均步數，男孩子下降三十%，女孩子則是掉了二十四%，或者，在同一個時段當中，青少年尋求失眠協助的人數及取得安眠藥處方箋的人數，增加了將近十倍。

無論如何，一提到人類的感受，主要議題並不是該拿手機怎麼辦，而是要搞清楚爲了看螢幕而有哪些事情被犧牲掉。睡眠、運動和現實生活的社交活動，我們培育心理健康的這些方法，漸漸被越來越數位化的生活型態掏空。可是，花了一大堆時間待在螢幕前，是否這行爲本身就很危險？

正如下文將提到的，沒辦法百分之百確定現代人是否比二十或三十年前感覺更糟。然而有個例外，即青少年，尤其是女孩子們，可發現她們的心理健康問題明顯增加。眾多例證顯示，有一項研究裡六十二％受訪的女孩聲稱她們患有多重的慢性壓力症狀，例如焦慮、胃痛和睡眠障礙等。這數字是一九八〇年代所得結果的兩倍以上。至於男孩子，數字是三十五％，是一九八〇年代的兩倍。同樣驚人的模式也能在很多國家看到。

心理健康問題大幅攀升的現象爲什麼特別影響女孩子？這很難確實說明，不妨讓我做個推測：青少年投入大約半數下課後的清醒時間在手機上。女孩子大多把這時間花在社交媒體，而男孩則是花在打電動。若想了解這如何加速助長女孩子的心理健康問題，就讓我們從大腦的觀點來瞧瞧吧。

## 想要與他人比較的欲望

把手指放在耳垂後方幾公分處，從那一點直直鑽入腦中，就會來到一個區塊，醫學界稱爲縫線核（raphe nuclei），是由大約十五萬個腦細胞所構成。雖然僅包括了差不多〇·〇〇〇二%的腦細胞，縫線核卻是對人類運作及感受具有關鍵地位。要知道，大腦最有意思的某個物質有大部分就是由這部位製造。我指的是血清素。

在許多國家，現今有超過十分之一的成年人正接受抗憂鬱劑治療，而其中大多是會增加血清素濃度的「選擇性血清素回收抑制劑」，簡稱SSRI藥物。爲什麼人類會發展出看似無窮盡的需求，而要增長我們體內的血清素？這些藥物所要滿足的，又是什麼樣無邊無際的人類需求？爲了理解這一點，就得再回去看看人類的大腦。

血清素在縫線核製造出來之後，透過至少二十種不同訊號路徑被傳送到整個大腦。如此一來，它就會影響到許多不同心理特徵，也就是說，它的作用極爲複雜。不過，它最重要的任務其實可用十分簡單的方式說明：血清素調節我們退縮的程度。而且，這不僅是對人類而已。

血清素可在歷史上往前追溯至少十億年，影響到很多其他物種的退縮行爲。如果小頭刺魚和斑馬魚接受提升血清素的藥物，濃度超過記錄中汙水處理的清除能力，就會變得比較不小心謹愼，被獵食者吃掉的風險相對較高。若經過幾百萬年精進而成、調節退縮行爲的平衡被推翻，就成了生死攸關的問題。對魚類而言，這威脅往往來自其他物種，可是對其他動物來說，也會來自相同物種的成員。舉個例子：已知螃蟹在激烈衝突時會急忙躲避同類。這類衝突通常是在眞正打起來之前就消退了，比較占優勢的螃蟹強迫對手屈服。不過，要是螃蟹被注射一劑促進血清素的藥物，就會變得更強勢而且比較不會退卻。總而言之，如果螃蟹的血清素濃度有了變化，牠對自己在階層中的地位的想法就變了。黑猩猩也一樣。如果男老大或女老大被推翻，會出現權力眞空。如果隨機挑一隻黑猩猩然後注射促進血清素的藥品，牠就比較會起頭主持局面變成新的男老大或女老大。

人類世界也一樣，血清素影響我們對於在團體階層處於哪個位置的認知。舉例來說，有一項研究是針對住在一間美國學生宿舍裡的大學生，結果發現已經住了一段期間，並且擁有領導地位的學生，其血清素濃度要比新進成員更高。可是，這些現象又和青少年的心理健康有什麼關係？這麼說好了，血清素不僅影響我們在階層中的地位，它也會影響我們的情感生活。治療憂鬱症最常見的用藥會作用於我們的血清素濃度，而且這些藥品可幫助很多人，讓他們覺得比較舒服。這就表示，我們所知在階層中的地位和我們的感受兩者之間，有相當緊密的生物層面連繫。如果我們在階層中的地位被往下推，就更容易感到心情低落。而且，有社交媒體持續不斷強迫我們要和別人的完美生活做比較，之前從來都不曾像現在這樣，有這麼多理由感覺到被推往下級階層。一言以蔽之：從血清素的觀點來看，從來未曾有過什麼時期像現在這樣，有這麼多的理由讓人覺得心情低落。

你可能會爭辯說，人類本來就有風險會因爲自己在群體中的排名而感覺心情低落，這當然是事實，可是並不會在一半的清醒時間裡都這麼覺得，或是由於我們今日所見人們所展現出的完美表象所導致。似乎持續被篩選過的朋友貼文轟炸還不夠，拿了錢要推廣他們美好生活的網紅成千上萬，把我們的比較標準設得與天齊高。每隔幾分鐘，我們就會遇上實際的提醒，說是有誰比我們更聰明、更漂亮好看、更有錢、更討人喜歡或更成功。這不免讓我們覺得自己在群體的排行一直被往下推，也就因而有著感覺心情低落的風險。

究其最深處的核心，人類從沒停止過估量自己在階層中的地位，原因在於我們的大腦想要避免孤寂。爲保護我們不會被排擠於群體外，我們的大腦持續自問：

「我是否融入群體？」「我行不行？」還有「我是不是夠棒，夠聰明，夠有趣或夠美可以歸屬這個團體？」如今提出這些問題的環境，和人類大腦演化而來的那個環境截然不同。就如同幾十萬年來，從熱量缺乏的世界裡發展出對於熱量的渴求，如今熱量幾乎等於是得來全不費工夫而導致毀滅性反轉。相同道理，我們急著和其他人比較，也是生活在小群體裡的世界所演化而得。如果那樣的本能被移植到某個處境，讓你覺得比不過別人的地方數也數不清，這就會對我們的情感生活造成嚴重後果。這些後果究竟會是什麼，還沒辦法說得明白，因爲對於社交媒體如何影響人類的相關研究，依然處於萌芽階段。然而，有許多研究確實認爲，每天花費超過四至五個小時在社交媒體上的年輕人對自己比較不滿意，而且感覺更加焦慮，心情也更爲低落。不過，社交媒體的確切影響一直很難研究，有部分是因爲社交媒體公司並不願意分享他們所擁有的資訊。二〇二一年秋天，人們發現臉書自家的研究人員提出警告，說Instagram（這也是臉書旗下的一員）讓三分之一青少女的身體意象問題更加惡化。他們也發現，曾說自己有自殺念頭的那些青少年中，六～十三%可將這些想法追溯到Instagram。臉書不僅無視這些警告，甚至還把消息封鎖隱藏起來，不讓大眾知道。

重要的是要注意到人們對於社交媒體的反應各不相同，而且並不是所有人都因此冒著心情低落的風險。受傷害風險最大的人，是比較神經質的個體，也就是說，對於負面刺激反應特別強烈的那些人。社交媒體的被動使用者也同樣適用此一道理，這些人只是單純觀看別人的貼文而不會回覆。那我們應該抱持什麼看法？請牢記於心，**我們不僅是最渴求熱量、擁有焦慮靈魂的人的後代，也是極度渴望有歸屬感的人的後代**，我們或許可以假設，每天花好幾個小時與他人的「完美」生活作比較可能會向大腦發出一個訊息，而大腦會將它解讀成在階級順序中排名較低，並且因此讓我們陷入心情低落的危險，或許比較聰明的辦法，是限制我們接觸那種訊號的使用量。限制使用社交媒體是個實際可行的訣竅，且有個不科學的建議是說最多給它們一個小時，就像是當我們感覺極度焦慮時多做幾次深呼吸，以提供大腦一個具體的解除提示。

## 價值連城的新發現

血清素的發現並不僅是件令人興奮的科學進展；它也成就了好些有史以來賣得最好的藥品。

一九三〇年代中葉，義大利的化學家維托里奧·埃爾斯巴美爾（Vittorio

Erspamer）正在研究消化系統運動功能的協調性時，發現到有一種物質會讓小腸收縮。一開始，他以為是因為腎上腺素造成，但實際並非如此，它也不符合某些其他已知的物質。埃爾斯巴美爾了解到，他其實是發現了一個前所未知的物質，於是把它命名為enteramine，enter-在醫學術語裡是代表小腸的意思。

過了十年，美國醫師厄文．佩吉（Irvine Page）在研究造成高血壓的生理機轉時，發現血液裡有一種物質具有同樣收縮血管的效果。後來證實這和enteramine一模一樣。因為存在血液細胞的液體叫作「血清」，enteramine因而得到一個新名字：Serotonin（血清素）。佩吉正打算研究血清素在高血壓症扮演著何種角色，這時有位二十五歲的生化學家貝蒂．梅克．特瓦羅格（Betty Mack Twarog）來找他。特瓦羅格認為血清素可能擁有更多功能。她猜想，甚至可以在大腦裡找到血清素。

雖然佩吉對此存疑，還是給這位年輕的生化學家一間實驗室。後來證明這真是個明智之舉。一九五三年，特瓦羅格公開發表，可在包括人類在內的哺乳類動物的大腦裡發現血清素。血清素在一系列的各種不同心理功能中發揮作用，像是食欲、睡眠、攻擊行為、衝動，還有性欲。不過，其中最重要的可算是焦慮和憂鬱。

這就引發了熱烈的研究活動——不僅是各大藥廠，研究者們已嗅到可藉此發財的氣味。如果血清素能改變人類的情緒狀態，能讓人們沒那麼憂鬱，沒那麼焦慮？這是個大好機會，沒人希望錯過。藥廠的努力很快就有所回報，幾年之後，市面上出現好幾種藥品可影響血清素濃度，但它們也會影響到大腦裡許多其他的物質。後來發現這些藥品往往會有副作用，研究人員被導向開發僅影響血清素濃度的藥物。到了一九八〇年代晚期，開始製備一種，後來被稱為選擇性血清素回收抑制劑，簡稱SSRI的成分。

把SSRI描述為意外之財絕非誇大其辭。相較於其他藥品，這些療法不僅取得商業成功；它們還成了史上賣得最好的產品。

## 孤寂大流行

三不五時我們就會聽到警告，說是已經來到了孤寂大流行爆發邊緣。從更爲廣闊的歷史角度來看，是有理由相信以上所說爲眞。科學家們都有個普遍共識，認爲幾乎整個人類歷史中我們都是生活在由幾十個人組成的小群體裡，最多好幾百人，可和彼此有親密接觸並且每天見面。當代狩獵採集者們持續著一種生活型態，他們每天花費四到五個小時去採集狩獵（說白一點，人類根本不需要每週工作四十小時），其他清醒的時間則用在彼此身上。如果這些人的生活可代表人類祖先的生活型態，那麼毫無疑問，我們的祖先工時較少，擁有更爲親密的社會連繫，而且要比我們更顯著頻繁地和親戚朋友見面。的確，若是用較爲長遠的觀點來看，我們大概已變得更爲孤寂，可是以幾十年的時間框架來看是否確實如此，依然沒有定論。有些研究認爲就是這樣沒錯，例如近幾十年來，若被問到要是發生什麼大事，身邊會有幾個十分親密的朋友可以信任，回答「沒半個人」的美國人數量持續增加中。而且，從經濟合作與發展組織（簡稱OECD）累積的資料可看出，二〇〇三至二〇一五年之間，所有OECD會員國的青少年孤寂現象都有所攀升。

但仍有研究顯示，當前我們並不覺得更加孤寂，也不會比較不孤寂。此外，很難做出跨越世代鴻溝的確實比較，因爲我們對於孤寂的認知已經改變了。孤寂是指每半個小時沒跟任何人溝通對話，還是指兩天內？對於這個問題並沒有「正確」的答案，可是不管線畫在哪兒，就會影響到有多少人認爲他們是孤寂的。要想比較今日二十歲人所認知的孤寂，和一九六〇或一九九〇年的二十歲人的差異，這件事就算並非極不可能，卻也越來越困難了。近幾十年來最大的社會變遷之一，就是有許多獨居者，儘管比起二十年前明顯增加許多，卻並不表示我們更爲孤寂。就像之前所說，獨自一人並不一定就表示感覺孤寂。

換句話說，從幾十年前的觀點來看，也無法肯定我們是否面臨孤寂大流行。那麼，我們還要不要關心這個議題呢？我算是覺得應該關心的那一派。即使說，我們才正要開始了解孤寂如何影響人類，了解它確實具有造成情緒痛苦及可能導致一大堆病症的風險。而且，正因爲我們無法確定孤寂是否有所增加（當然它依舊是個問題），我們若是想要避免憂鬱症和焦慮症，就應該把孤寂看作跟體能活動、睡眠、壓力及酒精攝取一樣，都是重大的危險因子。

身爲精神科醫師，我看到那些因爲覺得不舒服而來尋求協助的人當中，不論是身體還是心理層面遇到困擾，有很多人確實是因爲覺得孤寂才感到身體不舒服。他們需要有個人與他們談談，聽他們講話，讓他們覺得比較沒那麼孤獨，而且顯然他們並沒注意到孤寂可能會是個問題。這一點都不奇怪，人類的大腦持續不停地運作，總是要找出什麼來解釋我們的情緒狀態。像我就經常懷疑背痛或膝蓋痛，是大腦把來自孤寂所導致的情緒痛苦實體化，而治療這類膝蓋痛或背痛的最佳方法，就是去除你的孤寂感。

當然，看完本章是否會讓你更常打電話給父母和祖父母，養成習慣經常去拜訪孤寂人士，或是花比較少的時間透過螢幕與人見面，並且更喜歡在眞實生活裡和人約會，這全都取決於你。你只需要稍稍花點心思，不僅在個人身上或作爲社會的一份子，都可能造成極大的不同，甚至能讓許多人克服孤寂感。如果每個人都盡一分心力，試著協助至少一位感覺孤寂的人，這不只會影響到那人的主觀幸福感，或是減少他的憂鬱症風險，同時也會降低他罹患一系列嚴重疾病的風險，並且改善其預後。事實上，說不定還可以讓更多的人更加長壽。

**Topic**

**接納某人、發送邀請，打電話或傳訊息給他們，表明他們與你同在一起。**

# 第六章

# 體能活動

無論運動是藉由什麼機制增強腦力，不相信運動會是避免與治療心理健康問題的可能方法，就跟地平論者無異。

——丹尼爾・李伯曼

（Daniel Lieberman，哈佛大學人類演化生物學教授）

從事照顧病患健康工作的人，時間久了一定會發現有個固定模式，會知道哪個病人能夠有好的結果，而哪個人預後會比較差。當然，身爲醫護人員不應太過隨便從這些模式推論，畢竟可能不過是個巧合，或是比較容易記得的可證實的個人偏見。大約於二〇一〇年，我開始注意到，有在運動並且會爲自身的憂鬱症尋求協助的人，通常不會再回來看診，即便是偶爾回診的人，後來也很少再見。這件事讓我意識到，**運動可能具有抗憂鬱劑的療效**。我查看研究報告，發現的確如此，讓我大感意外的是過去十年間已有許多研究深入探討利用體能活動來治療憂鬱症。在這些研究當中，最讓我驚訝並且認爲是最重要的研究，多半都在討論應該如何避免憂鬱症。講得更明白一點，就是體能活動如何協助人們降低變得憂鬱的風險。

## 體能測驗和憂鬱風險有什麼關係？

如果說要你騎自行車、越快越好，並且持續六分鐘，接著緊抓把手出盡全身力氣，即可預測出你未來七年內罹患憂鬱症的風險值，你會如何想？若是在十年前，我會認爲手的握力或測驗騎自行車的表現跟未來是否得到憂鬱症有什麼關係，簡直是件詭異的事，而會去考量其他風險因子，例如失業、被排擠，或親人生病。至於握力有多緊？風馬牛不相及。但現在，我的感覺已全然不同。

在英國，有十五萬名受試者被要求做兩個簡單測驗，分別是體能和手的握力，同時還要回答幾個和可能罹患憂鬱症或焦慮症相關的問題。七年之後再重複問同樣問題，有些受試者覺得比之前好，有些覺得更差了。事實上那些感覺很糟的人，已符合憂鬱症的判定標準。有趣的是，他們的感受竟和七年前所做的騎自行車測驗結果相關，意思是憂鬱症的風險在體能狀況良好的那些人身上似乎比較低。或也可以說成：對於體能良好的人來說，憂鬱症風險減半，而且焦慮症風險也減少。同理，手的握力和較低憂鬱及焦慮症狀的風險有關，雖然影響力不像體能那樣明顯。

因此，**在體態良好的人身上，憂鬱症的風險似乎較低**。如果我們試著用故意反對的立場來深入討論，理論上體態良好的人往往身體健康、較少飲酒，而且對於吃下肚的東西更加小心。所以，實際上造成差異的很可能不過是另一個生活型態因子。爲了反駁這個說法，研究人員針對年齡、抽菸與否、教育程度，以及收入調整其研究，結果同樣模式依然成立。接著，他們試著移除研究一開始就已經罹患憂鬱症和焦慮症的那些人，重新計算數據。結果並沒有改變。

如你所知，憂鬱症和「正常的」憂鬱之間並沒有截然劃出一條線，所以會因爲區分憂鬱症的線怎麼劃而造成上述結果。因此，研究者試了不同的臨界値來分辨怎樣才算是憂鬱症。到最後還是一樣，相同模式浮現出來。不管怎麼看待這個數據，研究皆指出體能良好的那些人變得憂鬱的風險較低。許多不同研究都顯示出體能活動可減少憂鬱症風險，而這只不過是其中一個例證。一如往常，細究一個或另一個研究從來就不能得到最佳新知，即使是涵蓋十五萬人的大型研究（做研究的時候，有個經驗法則是說：「只做一次的研究就跟沒做過一樣」）。反而，我們需要把許多不同的研究統合起來，進行所謂的統合分析。

對於體能活動如何影響憂鬱症的研究，如今其實已做得相當徹底，在二〇二〇年發表了一個統合好幾項統合分析的統合分析報告。

結果如何？體能活動確實眞的可以對抗憂鬱的症狀。其作用會依據研究如何進行而有所不同，由低至高都有分布。既然已經曉得年輕人患有心理疾病的報告令人擔憂，我們可能會很好奇是否同樣理論也適用於這個年齡組。沒錯，確實符合。二〇二〇年提出的一項統合分析顯示，運動可降低兒童和年輕人的憂鬱症風險，總體結果反映具有中等效果。那麼老人呢？同樣模式也存在。

## 油門和煞車一體的壓力系統

讓我們更仔細地瞧一瞧，爲什麼運動對於我們的感受具有威力重大的影響？正如之前所見，**長期壓力是憂鬱症的風險因子**。身體最主要的壓力系統名爲HPA軸（下視丘↓腦下垂體↓腎上腺系統），這可往前追溯好幾千萬年歷史。它在幾乎所有的脊椎動物身上都算常見，包括人類、猿猴、狗、貓、鼠、蜥蜴，甚至魚類。

HPA軸並不是單一器官，而是身體和大腦的三個不同區塊，彼此相互溝通連繫。第一個是下視丘（Hypothalamic），它會傳送信號給大腦底部的腦下垂體（Pituitary），後者又接著把信號傳送至腎上腺（Adrenal）。腎上腺接著分泌荷爾蒙——皮質醇，能動員能量。舉例來說，我們的皮質醇濃度在清晨會上升，給我們足夠能量，讓我們起床。而在壓力狀況下，皮質醇濃度也會上升，從H到P再到A——當我們受到壓力的時候會分泌皮質醇。這聽起來似乎很單純，可是實際上HPA軸是難以置信地複雜，而且包括了好幾個所謂的反饋迴圈，也就是它會給自己踩煞車。要知道，若皮質醇濃度升高，下視丘和腦下垂體的活性會受到壓制。因此，**皮質醇**給自己踩煞車，在此同時**既是身體的壓力荷爾蒙也是「抗壓力」荷爾蒙**。這幾乎就像是一輛車只有一個踏板，**同時用於加速和煞車**，如果你踏油門太過用力的話車子會急速煞停。

精神科研究最重要的發現中，有一項就是HPA軸的活性往往會在憂鬱時改變。無可否認地這可以說是揭露關於憂鬱症最重要的生物學發現——來自身體和大腦兩方面（因為HPA軸跨於兩者之間）。在許多例證中，憂鬱期間HPA軸的活性增加，也就是說，皮質醇的濃度太高。大多數憂鬱症的治療，包括用藥，都是在針對HPA軸發揮正常化的功效（不同抗憂鬱劑作用在不同部位），但用藥並不是讓HPA軸正常化的唯一方法，體能活動也可以辦到。過分活躍的HPA軸，實際上可透過體能活動緩和下來，但這僅是長期效果。就短期而言，運動（尤其是高強度訓練）會增加HPA軸的活性，因為體能活動本身就是一種身體的壓力因子。因此，當你出門跑步時，血液中的皮質醇濃度上升，可是跑完之後又會降回比原先更低的水準，並且維持好幾個小時。我們往往會在運動之後體會到的那種平靜祥和感受，就是由此而來。

如果你經常或持續幾個星期運動，HPA軸的活性會慢慢開始調降，而且不僅是在鍛鍊後的幾個小時內，還會更持久。這是因為HPA軸擁有好幾個不同的煞車機制。特別重要的兩個煞車，其一是海馬迴，又稱爲大腦的記憶中樞；另一個是額葉，即位在額頭後方的大腦部分，此處是與思考相關的功能區，例如抽象和分析性思維。

**體能活動會強化海馬迴和額葉**。事實上，海馬迴會因運動而變大，額葉也會生成更多的小血管，以加速氧氣供應及排除廢物。這些全都增強大腦的內在壓力煞車，而且彷彿還不夠，運動還改善了HPA軸自我煞車能力，而變得對自身的活動更加敏感。換句話說，就是充作油門和煞車的踏板其煞車能力獲得改善。

## 運動，憂鬱症的剋星

如同我們在前一章所述，憂鬱症是由各種神經生物學過程引起的一系列不同病況的統稱。除了過度活躍的HPA軸之外，憂鬱症還和身體的發炎反應有關，這部分在前面章節也討論過。此外，它也和低濃度的神經傳導物質多巴胺、血清素和副腎上腺素，以及大腦自己的「肥料」，即大腦衍生神經滋養因子（簡稱BDNF）有所關聯。不但如此，憂鬱症還和腦島（大腦皮質的一部分，位於深部，對感受極爲重要）活性被改變以及杏仁核活性增加有關。

這些機制，並不會互相排斥，在不同人身上可能會有或多或少的輕重分配。實務上，不可能分辨出某人憂鬱是否出自多巴胺太少、杏仁核太活耀或發炎過多。可是一談到運動，那些根本不重要，因爲無論造成憂鬱症的原因爲何，體能活動往往是相應的對抗因子！

運動能提升多巴胺、血清素和副腎上腺素以及BDNF的濃度。日積月累下，運動還具有抗發炎功效。這是因爲要動就需耗費能量，而能量有部分會由免疫系統輸送過來，免疫系統自然也變得較不活躍。這聽起來並非什麼好事，但由於慢性發炎往往是因過度活化的免疫系統引起，而運動就能讓它緩和下來，反倒是件好事。運動也加速海馬迴裡的腦細胞形成，並且讓HPA軸正常化。運動的好處還可以一直列下去，但我想你已經充分了解了。從生物學觀點來看，很難想像有什麼東西要比運動更堅決站在憂鬱症的對立面。要想了解運動對人的抗憂鬱功效，還有一個辦法是：想想我們的感受是如何產生的。你應該還記得，當腦島將你的感官印象與身體內部狀態連結起來時，就形成感受。因此可說，大腦同時使用外部及內部訊號作素材，以促成一種情緒狀態。

**運動可強化體內所有的器官和組織**。血壓、血糖和脂蛋白穩定了，肺的最大攝氧量改善了，而且心和肺的功能也有所提升。這一切都表示大腦會接收到不同且更好的訊號來創造感受，並依此提高那些感受是令人愉悅而非不快的可能性。事實上，運動算得上是我們要避免憂鬱症所能做的最重要的事。

## 因果關係

不過，讓我們先將這些神經生物學的機制放一邊，再故意唱一次反調。根據統計，在紐約和芝加哥兩座城市，殺人案數量在賣出大量冰淇淋的時候增加。這是否表示，我們應該懷疑冰淇淋會讓人變得具攻擊性而且嗜血，甚至要前往賣冰淇淋的店家門口控訴他們需爲殺人事件負責？才不是這樣，根本不可能怪罪冰淇淋要爲殺人案件增加負責。比較合理的解釋是，天氣熱時人們會吃比較多冰淇淋，而且在熱浪推波下，在戶外的時間也比較久，也喝更多的酒精飲料。有更多的人花更多時間待在戶外，並且在酒精催化下，自然而然提高暴力行爲的風險。結果呢，天氣影響到冰淇淋消費及殺人案數目，而這兩件事彼此間並沒有什麼關聯。

那麼，我們怎能如此確信，並不是有什麼事情影響憂鬱症風險及體能活動程度？說不定運動和較低憂鬱症風險之間的相關性，並不比冰淇淋銷售額與殺人案件之間的關係更緊密。

此外，如果要找出體能活動是否能保護人們不會罹患憂鬱症，還有另一項挑戰待決。針對這個議題，研究比較會以如下方式進行：一組受試者會被指派做心血管運動（如有氧運動和肌力強化運動等），而另一組則被指派做不會提升心跳速率的活動，例如伸展。經過幾個月的規律運動或伸展之後，檢驗兩組受試者看看他們的感受是否不同。這個方法和開發治療用藥的程序一樣，一組給予眞正的治療藥，另一組則拿到安慰劑作用的糖果。問題在於若是要研究運動的心理影響，事實上並沒有等同於糖果的良好替代品。畢竟被指派運動的人可以看到自己在做什麼，而能猜到他們應該會有比較好的結果（他們甚至可能讀過先前提過的眾多研究成果）。那麼我們怎麼知道這並非安慰劑效用的典型案例——參與者不只是因爲人們期望他們感覺更好？另外還有個潛藏的障礙。爲了得到結論而並非出於運氣好，還必須監控成百上千的人好幾年，好讓他們有足夠的時間罹患憂鬱症。美國研究人員決定克服上述的所有問題及誤差因子，方法是把注意力轉向遺傳學。要知道，你的憂鬱症風險高達四十%是由基因決定。同理，某種程度來說，你的運動量多少也會受基因影響——有些人就是比別人更好動，更有活力。

如果基因傾向做較多體能活動的人比較不會罹患憂鬱症，那就表示體能活動確實可以提供保護。如果把基因檢測與運動數據及生理檢測結合起來，還可能得到有趣的結論。舉例來說，我們可以檢視擁有好幾個憂鬱症遺傳風險因子，但經常運動的那些人，看他們是否如統計學上說的「應該」得到憂鬱症，這個方法就稱為孟德爾隨機法，是一種把統計關聯（如冰淇淋和殺人案）與因果關聯（如酒精和殺人案）區分開來的方法。孟德爾隨機法需要大量的人參與研究，而這些研究都具備此一條件，有超過二十萬名受試者。但是他們又面臨另一個問題——回報做了多少運動時，我們通常很容易會多估。因此，研究者決定使用計步器，這可以提供更加客觀的數據。

這樣一來就有可能徹底找出運動是否能夠減少憂鬱症風險，或者這個現象不過是安慰劑效應。二〇一九年初，最富盛名的精神科研究期刊所發表的相關研究成果明確指出：體能活動保護人們不會得憂鬱症，而且無法視為安慰劑予以排除。如果每天把坐在椅子上十五分鐘換成跑步十五分鐘，罹患憂鬱症的風險會降低二十六%。要是換成走路一個小時，減少的量也正好相同。由此可知，跑步之類的心血管運動似乎比走路更有效，差不多達到四倍。如果你再多跑十五分鐘，或走路超過一個小時，保護力會再提高。

不管這項研究如何先進，研究人員仍決定再進一步分析，以便確實得到肯定答案。他們再做了一個研究，採用一群具有高度憂鬱症遺傳風險的個體。高風險個體受監測兩年，在這段期間內還眞的有人罹患憂鬱症。然而，有做運動的人之中，憂鬱症比較沒那麼普遍，只有少數幾個。研究人員毫不含糊地做出結論：「我們的研究結果強烈說明，憂鬱症的基因並不是命定的，而體能活動確實有可能抵銷遺傳上容易罹病的人在未來發作的潛在風險。」因此，我們實際上可以肯定地說，憂鬱症可以藉由運動來預防和治療。然而，風險降低並不表示絕對不會發生，只不過是風險沒那麼大，而非零風險。同時，這也不表示患有憂鬱症的人就應被指責不健康。

計步器並不能分辨是走路去購物、在院子裡除草，還是爲了參加馬拉松而鍛練，這點十分重要。眞正的重點仍在運動本身。儘管心血管運動的效果是走路的四倍，但歸根究柢，有助於預防憂鬱症的關鍵在於一天的總步數，而不是在哪兒走路，或在什麼時候、怎麼進行，因此從改善心理健康的觀點來說，我們必須把運動的概念加以擴展，而且要遠遠超出健身房、足球場或田徑場的範圍。

## 每週運動一小時，可避免十二%的憂鬱症?!

因此，體能活動確實給我們一層額外的「心理防護罩」以對抗憂鬱症，但遺憾的是這效應會逐漸薄弱消散。在西方社會，我們每天平均要走五千至六千步。針對現今依然存在的狩獵採集者社會所做的研究，再加上對於六千至七千年前人類骨骼的分析，結果顯示我們的祖先每天要走一萬五千至一萬八千步。

爲達到最佳功能，我們的身體和大腦很有可能是依照該數字調節校準。換句話說，似乎我們所跨出的步數，僅僅是整個人類發展史上大部分期間所走步數的三分之一。

走過的步數縮減了，這不只是從長期的歷史觀點來看，即使是以短期觀點來說也是如此。在瑞典，體型糟糕到引起健康風險的人所占人口百分比，從一九九〇年中期的二十七％提高到四十六％。若要符合「健康風險」的判別標準，就必須持續進行快走超過十分鐘不休息。而在年齡介於十一到十七歲的年輕族群中，僅二十二％的男孩和十五％的女孩達成ＷＨＯ建議的每日體能活動時數。換句話說，談到當代的體能運動，瑞典人相當遜色。

我們已經知道運動能保護人們不罹患憂鬱症，但對運動量低的我們來說，顯然我們已經失去了主要的防禦武器。而這又引發了一個有意思的問題：如果我們再多做一些運動，有多少的憂鬱病數可因此避免？這正是英國的研究人員試圖計算的，他們用了取自三萬四千名受試者的數據，總共追蹤了長達十一年的時間。由於憂鬱症有許多因素會互相影響，很難剖析每個因素所引發的作用，因此這些結果應看作是粗略估計而非精確數字。

研究人員總結如下：若受試者每週只運動一小時，能避免十二％的憂鬱症。即使是兒童和年輕人，似乎也能從相對適度的運動中看到良好的效果。研究者利用計步器追蹤了超過四千名十二至十六歲的孩童與年輕人的活動，幾年之後，同一批受試者再被問及同樣的有關憂鬱症的問題。結果顯示，青少年每星期每增加一小時做運動，當他們成長到十八歲時，憂鬱量表下降了十％。

# 焦慮與體能活動

接著來談談焦慮症。如前述，描述焦慮的最好方式就是把它看成「先發制人的壓力」。焦慮和壓力基本上是同樣的反應，即ＨＰＡ軸活化，差別在於**壓力是關於實際的威脅，而焦慮是關於潛在威脅**。

因爲在壓力和焦慮狀況下，ＨＰＡ軸會調升一個檔次，而且會藉由運動穩定下來，體能活動在理論上應能導致較少的焦慮。眞的是這樣嗎？二〇一九年，有一項統合分析探討好幾個研究，其中患有不同類型焦慮的受試者被指派要做運動或別種治療法。結果發現，心血管運動可保護成人及兒童防範焦慮，特別是創傷後壓力症候群（簡稱ＰＴＳＤ）病人。二〇二〇年發表的另一個統合分析，檢驗十八個不同研究。每一項研究都顯示，體能活動防護焦慮，而且所從事的運動類型不如動作本身來得重要。每一種運動都可發揮功效，不論是游泳、走路、跑步機上跑步、健身腳踏車，還是在家做心血管運動。

經過一項又一項研究和統合分析，我們發現運動的人比較不會焦慮。重要的並不在於他們如何運動，只要有動就行。此外，患有恐慌症的人發作次數較少，而且就算是眞的發作了也比較沒那麼激烈。至於苦於社交恐懼的人，社會評價情境變得比較不那麼具有威脅性。還有PTSD病人，關於回憶閃現及高度警覺的不適感也比較不強烈。不過，就像是任何其他針對焦慮的醫治方式，如治療或用藥，並不是每一個人都能從運動得到正面效果。有些人效果出奇的好，而有些人卻沒發現重大差異。不過，對於焦慮的平均效果算是不錯的，就和對於憂鬱症的狀況一樣。

然而，若是談到預防焦慮，有一件重要的事情，那就是要增加心跳速率。看來身體逐漸學到，提升的脈搏和即將來臨的災禍並不是同一件事（就像是那位在地鐵上恐慌發作的病人所以爲的），反而是伴隨著較低皮質醇濃度，然後是腦內啡及一股幸福感。如此一來，就可能避免看來似乎會觸發恐慌發作的錯誤解讀惡性循環。身材走樣而且患有恐慌發作或其他型式嚴重焦慮症的人，也就必須慢慢建立自己的訓練計畫。一開始先以短暫的步行爲目標，爲期一到兩個月。接下來緩步慢跑一陣子，並且逐步調升步伐。如果你的體能不好又突然開始做運動，大腦可能會把增加的心跳速率錯誤解讀爲遇到危險，最糟糕的情況下會觸發焦慮發作。反過來說，如果你逐漸加強健身鍛練，慢慢的，但可以肯定的，你會注意到焦慮消退了。那並不是一夜之間發生的變化，更像是一個月接著一個月的改善。

## 各種焦慮都減少了

身爲醫師，我可以給病人治療指示，當我交待患有焦慮症的病人應該做運動時，對此感到驚訝的人還不少。「運動？」他們困惑地反問我。運動能改變他們以及之於人生、工作或摯愛伴侶的壓力與焦慮，或是說連根源在哪兒都不曉得的焦慮感？儘管無法百分之百地肯定是演化把我們塑造成體能活動可以緩和焦慮，但各位不妨這麼想：HPA軸的工作是要在面對威脅（也就是壓力）的時候，或者當大腦覺得可能會冒出威脅（焦慮）之際動員能量用於身體肌肉。那麼，幾百萬年來，人類面臨的最大威脅是什麼呢？我們在演化上保留下來的HPA軸，在哪種情境裡能夠動員能量？提示：未必就是來自帳單、交件期限，以及日常瑣事的心理壓力。顯然HPA軸的發展更可能是要克服對人類生命的威脅，也就是來自獵食者、意外和感染的威脅。

體態良好的那些人有較佳的機會逃離獵食者、在戰鬥時打敗對手或是感染後康復。不管何時出現一個潛在危害，他們的HPA軸並不需要突然調升至最高速，他們也不必爲每個眞實或潛在的威脅變得恐慌。他們的壓力系統，也就是HPA軸，可調降速度。

當人類大腦在處理日常心理社會壓力時，它會用歷史上人類已用來處理對我們生命造成威脅的同一系統，以保護我們對抗過去威脅我們的那個東西，包括體適能在內，也可以緩和人類祖先的壓力系統。考慮到自從那些日子以來人類在生物學上毫無變化，我們的HPA軸也會被良好的體適能緩和，而且因此準備得更加充分，足以處理當代的壓力和焦慮源。簡而言之：運動教導身體別對壓力產生那麼強烈的反應，不論那個壓力的肇因爲何。

因此，我們如何變得能夠意識到運動過後HPA軸的活動會緩和下來？踢完足球之後，我的大腦是否收到通知，像是某個想法冒了出來？「恭喜你，安德斯！你做了運動，而且現在你的皮質醇濃度回復正常值。你的體能極佳，就算是在叢林裡遇見一隻獅子靠近，要逃離跑走也沒有任何問題。」才不是這樣。

取而代之，我對它的體驗成了一個感受。一種平靜、焦慮減少的感受，而且對我自己的能力有更大信心。而且那信心會蔓延開來，滲入目前剛好會讓我感到焦慮的一切事項。關於體能活動對人類的作用，最重要的生理學發現就是它會提升我們的自我效能，這個詞定義爲「相信我們完成一項任務的能力」。

## 一週運動兩小時抗憂鬱效果最好

運動並非萬靈丹，但事實上也不存在萬靈丹這東西。對所有憂鬱症的病人來說，抗憂鬱用藥有三分之一可提供良好助益，另三分之一有中等助益，至於最後那三分之一則毫無益處。接受認知行為治療的全部病人中，大約一半有良好的成效，而另一半效果普通。同理，體能活動的結果也因人而異。有些人覺得有神奇功效，有些人卻難以發現有什麼差別。然而，整體來說影響是好的。若如果憂鬱症的情況嚴重或渾身無力提不起勁，要從事劇烈運動當然行不通。若是這種狀況的人，除了接受治療和用藥外，身體更需要的是休息和復原。

如果單就防護憂鬱症來看，實際上也不是做越多運動就越好，且已有研究證實只要每週一次快走，就能獲得某種程度的防護。而這份研究最令人震驚的是無論兒童或成年人獲益最多的，是那些原本沒在運動而開始做了點改變的人，像是開始騎自行車去上班或走路上學等。不過，做得比這些還多的話會更好。至於運動要做到什麼程度才能得到最佳效果？許多大型且成效良好的研究建議：最好是每週做兩到六小時的心血管運動。不過多數研究更傾向兩小時即可，每週超過六個小時的運動，似乎無法提供更多的防護。

## 更相信自己的能力

開車從哥特堡（Göteborgs）市中心往西行駛約十五分鐘，就會抵達傑特史騰科倫（Jättestensskolan），這是一所大約有六百名學生的中小學校。二〇一〇年代初期，此校僅有三分之一學童在完成義務教育時各項學科都能及格。爲了扭轉這個狀況，學校的教務主任洛塔·雷卡德（Lotta Lekander）和姚納斯·傅士伯（Jonas Forsberg）決定實踐前述關於運動的研究。學校正常課表安排每週兩次體育課，但雷卡德和傅士伯想試試看，如果學生每天到學校都做運動的話會有什麼不同？因此，在沒有體育課的那三天，學校增加了半小時的體能活動時間，並且規定強制參加，而且是在體育館內進行。爲了避免占用其他課程，另外安排課表以外的時間實施，也就是說，原本的上學時間要再多出半小時，爲免於增加成績相關的壓力，這幾堂多出來的體能課沒讓原本孩子們的體育老師來帶領，而且提供一系列極多樣化的活動讓參與的人挑選。主要目標是增加孩子們的心跳速率，達到每個人最大心率的六十五至七十%，且持續三十分鐘。不做競賽或表演，只是單純讓心跳速率提升。結果呢？兩年後，每個學科都及格的畢業生人數幾乎翻倍。

我讀到關於這所學校的報導時，就覺得這真是太棒了，簡直不可思議。當等我更仔細地探究，才曉得除了增加體能活動外，該學校還做了其他方面的改變。他們聘請新的教職員加入，而且更有系統地評估孩子的能力和需求。

這麼一來，運動在這項計畫中究竟扮演了什麼樣的角色？爲了找出答案，我決定利用拍攝我所主持的科普節目《你的大腦》的機會拜訪這所學校。雷卡德和傅士伯熱情地歡迎我，還跟我說，他們的重點在於進行實際有用的改變而不是做研究，雖然沒法提供我精確數字以說明運動的功效究竟如何，但他們相信所謂的「心跳加速時間」是讓學童表現突飛猛進的最重要因素。有趣的是，兩位教務主任急著討論的並非運動對學業成績的功效，反倒更在意學童的感受要比之前好很多。依據雷卡德和傅士伯所言，孩子們變得比較沒壓力，也比較不焦慮，甚至更有自信了。

雷卡德和傅士伯的結論，和智利的研究人員所觀察到的現象一致。短短期間內，智利遇上了糖尿病和心血管疾病這類文明病帶來的重大挑戰，而且研究人員想知道是否有可能藉由改變生活型態扭轉這個趨勢。他們擬出一個方案，讓貧困地區的年輕人有機會從事跑步、籃球、排球、足球、有氧運動等，同時將目標設定在使參與者找到一種可以樂在其中而不需競賽的運動型態。長達十週的課程結束後，結果發現運動對年輕人的體能有神奇的功效。不但如此還出現了其他變化：他們變得比較沉穩、不焦慮，而且自尊心也大幅提升。運動促進自我效能，尤其是對於兒童。他們不僅對自己的運動能力更有自信，整體的自信心也提高了，甚至在思考邏輯方面也有好的表現。這類現象已有許多的研究證實效果，包括瑞典國民健康署所做的一項大型調查，都指出常做體能活動的兒童對生活更滿意，壓力也比較少。

## 生來就是要避免挨餓

到此我們面臨了一個謎題。如果體能活動能提升我們的自信心並讓我們對生活更滿意，還能防護我們不得憂鬱症、緩和焦慮及壓力、調降情緒的恆定裝置，並且（除以上所列舉之外）強化體內每一個器官，那爲什麼大自然要在人類體內安裝好逸惡勞的欲望，讓我們寧可坐看Netflix電視節目也不願去操場跑步？爲什麼我們的大腦抗拒去做顯然好處多多的事情？若想了解這個悖論，我們必須在心裡記得兩件事：①大腦也許可以演化成喜歡運動，但它的主要目的是**求生存**。②綜觀整個人類史，**飢餓**一直是人類性命的最大威脅。熱量是個稀有的奢侈品，人們會盡所能地把握眼前攝食的機會。

近幾十年間，我們已能穩定獲得想要多少就有多少的熱量（只需打開冰箱或出門找店家即可），但是因爲演化的腳步很慢，是以千年爲單位來計算時間，我們的大腦尚未能夠適應這個狀況。到了外頭草原裡，大腦會如此吶喊：「救救我別讓我餓著，有多少熱量全都吃下肚！」而且當我們去採買日用品時，它還是叫著同樣的話。來到甜食區，大腦的反應就跟「夠幸運的突然遇到有棵大樹掛滿香甜水果。加碼！趕快吞了！」一模一樣。歷史上人類從來不曾獲取足夠的熱量，而且正因爲如此，我們對熱量的渴求並不具備「停止鍵」。這個無止盡的渴求，是經過數百萬年，在熱量不足、常讓我們瀕臨飢饉邊緣的情況下發展出來的，如今被移入一個熱量供應毫無節制的世界，實在很難預測結果。我們吃，再吃，繼續吃，想吃多少根本就沒有盡頭，由此來看，人們會得到肥胖症及第二型糖尿病就一點都不足爲奇。過去是生存機制的東西，如今卻成了陷阱，只因爲不再有任何限制阻止我們獲取更多的熱量。

身體可取得的能量總數不只是我們吃了多少食物的問題，也和我們耗費多少熱量有關，而運動正如我們所知，可以消耗熱能。人類的定勢就是愛偷懶。大腦想要我們硬吞下甜點區的所有熱量，想要我們躺在沙發上別動，避免沒必要的消耗熱量。你也許會想，過胖的人體內儲有能量可以備用，為什麼大腦還要他們放鬆。答案在於：綜觀整個歷史，人類幾乎不曾超重肥胖過。也許曾經有幾位矮胖的皇帝、法老、國王和皇后，但他們算是相當相當的例外。

人生在世超過九十九．九%的時間，人類並無能力在腰際生出多餘的肥肉，以便在食物稀少時派上用場。正因為如此，身體和大腦從未發展出防衛機轉提醒：「你已經獲取了比所需更多的能量，是該出門走走減掉一些體重了，這樣才不會在三十年之後碰上心臟病發作。」人類在過去從不曾身負多餘的體重，大多數人不曾活到會遇上心臟病發作的年紀。

如今，飢饉已極為少見，反倒是體重過重和肥胖症已成為健康的隱憂。綜觀人類史，與此相反的，體重過重根本不是問題，若隱若現的飢饉威脅才是個大問題。因此，演化不只發展出一個，而是一整套的防衛機轉以戰勝飢饉。如果我們開始減少體重，就會覺得更餓。不但如此，當基礎代謝率（休息時身體耗費的能量）降低，身體就會從腸子提取營養素。這些機制皆指向唯一且相同的功能：身體試著維持體重，因為它把損失體重（不論這體重是否多餘）看成是飢饉的威脅。雖然這些機制可協助人類祖先避免挨餓，但若是談到減重的話，它們還眞的是很有效率的破壞者。

正因爲我們已演化成要尋找富含熱量的食物以逃離飢饉的風險，人類經過設計就是想要放鬆，只要有可能的話就會把有價値的熱量儲存起來。簡言之，我們就是應該好吃懶做。如果人類的祖先發現我們跑得汗流浹背結果又回到原點，或是把沉重的物品舉到半空中再放下來，一定會認爲我們出了什麼毛病。對他們來說，爲了什麼事情自願耗費能量，例如慢跑或舉啞鈴都是毫無生產性，就跟把食物丟入排水溝裡一樣笨。

「運動」這個概念對先前世代的人類會覺得十分怪異，這可從如今依然健在的狩獵採集者身上看出徵兆。他們每天要走一萬五千至一萬八千步，幾乎每一步都有特定目的。與我們所認爲的相反，這些原始部落成員並不會突然從一個活動換成另一個活動。事實上，他們一整天幾乎多半坐著，往往是聚在一塊，每天只花四至五個小時狩獵和採集。因此你我就跟當代的狩獵採集者一樣，寧可在沙發上發懶而不願穿上跑鞋，完全合乎自然天性。

## 破解演化！

身體想讓我們節省能量，更傾向於避免飢饉而不出門跑步，這就點出了一個重點。大腦，身體最耗費能量的器官，最多只能像這樣運作。貫穿整個人類史，我們在移動時最需要用到心智能力。移動時我們會看到新的環境，得到必須記憶的感官印象。狩獵時我們最需要專心注意及解決問題的技巧，也就是創意。即使是狩獵採集者生活型態的其他部分：採集，也相當耗費精神。穿越地形移動時，採集者得全神貫注掃視周圍找尋能吃的東西，同一時間還要注意潛在的威脅及可能的逃脫路線。可供你發生錯誤的容許範圍極小，而且找不到食物的話，就表示一、兩個星期內會面臨挨餓。這一切都代表心智能力必須隨時保持在極佳狀態。

過去幾十年來有一些出乎意料的研究發現引起眾人關注，顯示出**體能活動不僅改善我們的感覺，也能改善心智能力**。在一項研究中，學生被要求透過耳機聆聽單字。有一組人是在走路的同時聆聽單字，另一組則是坐著聽。經過四十八小時後兩組人一起接受測驗，結果顯示走路時聽單字的人記得的字彙多了二十％。其他研究也顯示出體能運動可促進注意力和創造力。例如，某項研究就指出在運動後一小時內，腦力激盪的能力提升了超過六十%。

當我讀到這些資料時，相當震驚。聽到「腦力訓練」我想到的只會是數獨、填字謎和拼圖遊戲之類的APP。對於像是記憶、專注力和創造力等心智能力，體能活動怎麼會有如此重大的功效？可能的解釋如下：整個人類歷史裡，只有在移動的狀態下最需要用到心智能力。狩獵和採集時會要求我們全神貫注，因爲那時正需要獲取牢記的新記憶。要是大腦是爲了今日的世界設計，人類的心智能力應該是坐在電腦前最爲犀利。可是電腦只不過是近一百年內才出現的東西，而且這時間遠遠太短，無法讓我們發展出適應的行爲。無論如何，體能活動能改善我們的心智能力，這事實點出一個方法足以讓我們「破解」演化。當我們在跑步機上跑步或出去快走時，我們就欺騙大腦要提升心智能力，也就可以用適合我們的方式加以運用，唯一的限制是我們可以持續跑多久！

就我而言，單單了解到關於運動我們會有矛盾的想法其實背後有其邏輯，就是個極爲重要的領悟。我曉得，是已經過上萬世代精進的生物學力量拉著我往沙發上躺，同時我也明白，是同樣的力量更加精進我的大腦，如果能動起來的話，感受及工作皆可表現得更好。每當我費力掙扎著要不要去運動時，偶爾我會告訴自己，別讓人類的基因（即使比較未經演化！）把我控制住了，我才是負責做決定的那個人！如果我說，這些想法每次都能讓我穿上跑鞋去跑步，那是在騙人，不過三不五時也是有效果的。

## 聰明，卻沒有智慧

我們已運用人類的聰明大腦，把運動排除於日常生活，但大腦雖聰明卻不是一直有智慧。這是因爲我們生性就是懶。不耗費能量於非必要的活動，對你我來說就是發懶，這是個已圓滿運作好幾十萬年的策略，但是在現代社會裡它就成了個死亡陷阱。WHO估計，每年有五百萬人早死，因爲他們的運動量不夠。根據這個計算，很可能在二〇二〇年死於久坐不動生活型態的人數差不多和死於Covid-19的數字相同。

而今我們的社會已將方便推至極限，因爲電動摩托車和快遞食物送到家門口的服務，已將最後少數幾步都從我們的生活裡抽走了。我們正發現在演化的路上已喪失了一些重要的東西——不僅是關於身體健康方面的風險，也是關於我們的心理健康。我相信人類已開始尋找聰明的方法，要把運動重新放回生活中。而且，那並不必然要和體育競賽或表演有任何關係，或許只意味著開始走路或騎自行車去上班，或是走樓梯而不搭電梯。做什麼都好，只要能成爲一種習慣。最好是你可以不需思考就做得到的事情，就像你在刷牙的時候並不會特別想到它。

你可能發現，缺乏活動的現代生活相當嚇人。但你還可以用另一種方式看待它，把它看成是一個極大的潛在可能。如果我們想要認眞嘗試解決令許多人受苦的一大堆身體病痛及心理健康問題，而且不只是治療它，還要預防和避免的話，體能活動眞的是個寶庫，擁有許多未經記載的潛能有待發掘。如果你很少做運動，那眞該好好地恭喜你，這所有的寶藏都等著你去發現，而你將成爲最能享受其效用的人。從什麼都不做進步到開始做一點，對於情緒、忍受壓力的能耐及心智能力的作用，在這種人身上最能觀察得到。

為什麼我們把身體給忘了？

要避免焦慮和憂鬱症的時候身體具有一定角色，如果你覺得這真是出乎意料之外，那並不奇怪。我的書《真正的快樂處方》是探討運動如何提升腦力，跟據那本書得到的迴響來判斷，顯然有不少人低估了身體在他們心理狀態所扮演的角色。每天都有人來找我，告訴我這本書如何改變了他們的生命。

這些人幾乎都表示已經開始做運動了，而且這麼做讓他們感覺更好。有幾次遇到的狀況讓我難忘：那一次是在阿蘭達機場（Arlanda Airport），某位三十多歲的男士跑來告訴我，他是在受戰火摧殘的地方長大的，兒時埋下的創傷後壓力不時會嚴重到讓他無法忍受，甚至想過一了百了。

讀了《真正的快樂處方》之後他開始跑步。一開始小心翼翼，然後逐漸愛上這項運動。隨著焦慮感消退，他設法減少酒精的攝取。到後來，他自己也搞不清楚究竟是跑步還是戒酒的影響最大，但若沒有跑步對他的焦慮產生安定作用，他就絕無可能克服酗酒問題。他長大成年後從來不曾感覺如此之好，而且他唯一的抱怨是說

《眞正的快樂處方》怎麼沒能提早十年出版！

當然，對於科普書的反應，我們必須非常謹慎才能下結論，但有上百個人都跟我說了相同的話，確實令人驚訝，不是嗎？顯然這些讀者過去一直把運動對情緒的作用看成是「無稽之談」。我一直想不通的是爲什麼他們在讀到《眞正的快樂處方》以前會那麼想。或許是因爲在西方思想中，傳統上是將身體和心靈區分開來的關係。自柏拉圖以降，一長串具有影響力的思想家都把靈魂說成是自外於身體及大腦的存在物。如此的身心分離導致一種「機器中的幽靈」信念，也就是說，在我們體內有個東西超乎大腦的作用，比如精神或靈魂。

這想法相當誘人——要相信我們最深的感受是在一個看似壓扁香腸的器官裡演出，幾近不可能。漸漸的，或許多少有點不情願，人們終究開始接受感受、思考和經驗確實發生在大腦裡，而且在那些錯綜複雜的紋路當中並不包含任何精神、靈魂或鬼怪。這麼一來，我們就放棄了身體和心理的區分，反而是將這分野應用於身體和大腦。

但那區分是隨意而爲。大腦並不是在鐘形罩構成的世界裡到處亂跑，與身體分開。少了身體，大腦也無法存活。事實上，大腦的發展並不是要思考、感受或讓我們有了意識，而是要指揮並且操控身體。引用著名神經科學家巴雷特（Lisa

Feldman Barrett）所說：「隨著身體演化時變得更大也更複雜，大腦也變得更大更複雜。」

大腦和身體極度緊密相連在一起，在本書中我已經講了幾個最近才發現的例證——大腦接收來自免疫系統的訊息，或是它使用內部及外部兩方面的刺激來生成感受。因爲它們明顯可見也可以測量，當我們試圖解釋自己的感受，以及爲什麼變得憂鬱或焦慮時，很容易就會去尋找這些外部刺激——感官印象，或工作上、學校、社會生活裡發生的事情。然而，來自身體的內部刺激更難以捉摸，因爲它們依定義來說就是主觀的。但是研究已指出，它們所扮演的角色至少同樣深奧。

換句話說，藉由透過藥物讓大腦「用理性」或「平衡」，並不可能去影響到我們的感受、憂鬱和焦慮。我們的體能狀況，也比多數人所認爲的更加重要。這或許只是個人推測，但我認爲研究才正要開始解構身體和大腦之間的人爲區分。隨著這區分消失，我們將會開始從心理學觀點，甚至也從生理學觀點，檢視憂鬱症、焦慮症和人類的福祉，而我們本就應該用此眼光來看待體能活動。

Topic

我們天生就好逸惡勞。如果人類的祖先發現我們跑得汗流浹背結果又回到原點，或是把沉重的物品舉到半空中再放下來，一定會認為我們出了什麼毛病。

## 第七章

# 我們感覺比以前更糟？

這是最好的時代，也是最糟的時代。

——狄更斯，《雙城記》作者

我在青少年晚期開始對歷史產生興趣，但我感興趣的不是文藝復興或中世紀歷史，也不在文明搖籃埃及和美索不達米亞，而是對人類這個物種的歷史發生興趣。柔弱、無毛的西非猿人，身爲眾多哺乳類動物的其中一種，是如何稱霸地球成爲主宰。我把能弄到手的書都讀遍了，印象中最令我驚訝的是，人類祖先的死因與現代人的死因竟是天差地別。

幾年之後，當我就讀醫學院矢志成爲醫生，並開始在卡羅琳大學醫院當住院醫師時，才實際感受到這種差異。醫院裡幾乎沒有病人是因爲歷史上曾經導致人類死亡的病症而接受治療的，沒人苦於將因天花或瘧疾而亡，也沒人因脊椎灰質炎（俗稱小兒痲痺）而癱瘓。人類能夠控制，甚至根除某些歷史上最糟糕、最致命的病症，全都拜現代醫療所賜。這又勾起了我的靈感：如果我們過的是像祖先那樣的生活，這些病人當中有多少人能住進醫院？我想，患有第二型糖尿病的病人會因飆升的血糖而陷入昏迷，幾乎不可能出現在醫院。別的先不提，第二型糖尿病是因爲高血壓和肥胖所導致，而這個狀況在人類祖先身上幾乎不存在。此外，因心臟病發作的病人也一樣，對他們來說，肥胖、抽菸和第二型糖尿病全都是風險因子。在病房裡還有少數腦中風的病人，我想他們大概也不會出現在醫院裡，因爲高血壓是腦中風的最重要風險因子。

之後的培訓，我被換到同一間醫院的精神科病房，換了科別後，我再試著想像同一個問題：如果這些病人用人類祖先的生活方式過活，會有多少人被送來住院，這一回就很難猜測了。精神病房裡有些人是被診斷患有思覺失調症，這有很大程度是來自遺傳，而且令人訝異的是，從大草原時代至今，人類的基因少有變化。另外，患有雙極性情感精神疾患的病人也是如此，多半也是遺傳而來。

要是他們過著人類祖先的那種生活，大多數的住院病人（因憂鬱症和焦慮症而入院治療的人）還需要入院嗎？對此我了解到，我眞正想要知道的是：我們是不是覺得比以前更糟？

## 現代原始人也會憂鬱嗎？

當然，猜想遠古世代的情感生活極爲困難；大腦並不會形成化石，人類的祖先也沒有留下任何心理鑑定結果。然而，很明顯地他們都經歷過嚴苛的考驗。半數人類祖先活不到青春期就死亡，這也表示多數成年人都曾失去至少一個小孩。那麼，他們和我們一樣有很多人患有憂鬱症嗎？爲了尋求合理的結果，我們或可從現今仍過著狩獵採集生活的那些人身上探索答案。在這個脈絡下，只是偶爾去拜訪一個不熟悉的地方，要當地人幫你填寫問卷根本不可能，因此研究人員要能被那個社群接納，就必須跟著那些人生活好幾年，人類學家艾德華·薛佛林（Edward Schieffelin）就這麼做了。他耗費二十年的時光和巴布亞新幾內亞的胡里族待在一起，見過各種疼痛和苦難，但即便在極度挑戰的生活情狀下，他在與兩千名部落成員訪談中也只發現少數幾人有憂鬱傾向，而且這些人的症狀都比較輕微。

詹姆斯·舒茲曼（James Suzman）和喀拉哈里沙漠的布希曼人一起生活了二十年之後，也得到相同的結論。這些原始部落的人當然會遇到我們所知的憂鬱症狀，可是極爲罕見。許多其他曾經研究前工業化社會結構民族（包括坦尚尼亞的哈扎人和印尼的托拉查人）的人類學家，都得到相同結論——很少有人得到憂鬱症。令人驚訝的是，這些現代狩獵採集者的生活條件和人類祖先一樣，都相當艱苦，幾乎半數兒童在青春期之前就夭折了，這當然也讓做父母的傷心欲絕，雖然他們爲失去孩子悲傷痛苦，卻很少變得憂鬱。

然而，要從舒茲曼、薛佛林和其他人類學家的經驗做出大膽的推論之前，還是小心謹愼爲宜，因爲他們所受的訓練並不是爲了診斷憂鬱症。此外，憂鬱的部落成員可能會隱瞞自己的問題，況且他們的環境也並非完全沒受到時代演進的影響。至於仍活在前工業化社會裡的那些人，往往住在外界難以接近的地方，說起來我們也沒辦法肯定地說，他們的生活型態可以代表人類祖先過去的生活方式。說到這裡，就又浮現了一個有趣的問題：部落的生活型態是否有什麼東西能防護憂鬱症？或者我們可以反過來捫心自問：是不是我們的生活型態有什麼東西，害得我們容易罹患憂鬱症？

## 越現代化的社會，焦慮人口越多

美國的研究人員想釐清這個問題，於是做了一個研究：找來六百五十七名婦女，讓她們分成幾個群組住進現代化程度各不相同的社會裡，一組人住在奈及利亞鄉下，一組是同國家的其他城鎮，另一組是加拿大鄉下，還有一組則住在美國的大都會裡。受試婦女都被問到一長串的問題：探討她們的感受、睡眠品質、是否難以集中精神專注、會不會覺得累、缺乏活力、躁動或遲疑不決，或是自信心薄弱，提出的問題都是根據精神科診斷的聖經《精神疾病診斷準則手冊》（簡稱DSM），從中找出的憂鬱症判別標準。

所得到的反應顯示，社會越是現代化，人們呈現出越多的憂鬱症狀。奈及利亞鄉下的婦女，看來要比住在奈及利亞都市裡的人更享有心理健康，後面這組又比住在加拿大鄉下的婦女感覺更好。看起來感覺最糟的是住在美國大都市裡的婦女，這個模式在四十五歲以下的婦女身上尤其顯著。不過對於這個結果，我們仍應該謹慎看待，畢竟我們並不清楚這些婦女的真實狀況，把她們放在一起討論得出的結果就是正確的嗎？通常我們會根據想要過怎麼樣的生活而搬家移居，如果是具有野心而且會受焦慮感驅策的人，更可能會從鄉間移往城市，例如曼哈頓，以便在紐約市謀求好職位以治療搖搖欲墜的自信，那麼大都市很快就會擠滿受焦慮感驅策的人。在此同時，選擇住在鄉間的人多半是較少受焦慮感驅使的人。

拿隨機選取的紐約市住民和美國鄉下住民做比較，就像拿蘋果和梨子做比較般有其風險。同理也適用在拿住在奈及利亞大城市拉哥斯和住鄉下的婦女做比較。擁有特定人格特質的人傾向於移居城市，而另一些人則會移出城市。

雖然研究人員請了精神科醫師檢視問卷，好讓他們可以用完全一樣的方式解讀美國、奈及利亞或加拿大的受試者，語言上的差異依然可能有其影響。此外，談到個人情緒時，表達自我的方法也可能會有文化上的差異。在某些社會裡，人們把憂鬱的症狀看作是身體不適，且不時拿來抱怨，例如說後背在痛，其實是在陳述心裡不痛快。即使有這些可能的誤差，但這項研究仍指出：未經開發國家的婦女至少不會比我們的感覺還糟。這表示還有其他理由讓我們相信，她們的生活型態裡有什麼東西保護她們不得憂鬱症。我們很快會再回頭看看那可能會是什麼東西。

## 比起幾十年前，我們覺得生活更苦？

不管這些發現是多麼的有趣，我還是難以抹去那種感覺，認爲這些婦人離我們的生活還是有點太過遙遠了。所以呢，讓我們好好查看比較靠近我們、時間也比較接近當代的憂鬱症例證。在瑞典，近幾十年來抗憂鬱劑的處方出現爆炸性成長。根據瑞典國家健康福利委員會於二〇二一年三月三十日發行的統計資料顯示，有八分之一的成年人在服用這類藥品，然而這個數據還不是最高，英國、冰島和葡萄牙更勝一籌。大部分年齡組以及經濟優渥國家都呈現陡峭的上升曲線，光看圖表就可能讓人引發憂鬱。

我們爲什麼會覺得更糟？對此，只是看到有很多人拿了處方藥還不足以肯定地說出答案。畢竟這很可能是因爲現代人比過去更容易尋求諮商，或是說醫生很習慣開藥給病人。有些研究利用同樣關於憂鬱症及其症狀的問題，在不同時間點供給大量隨機選出的人們測試，而從這些結果我們可以得到一個模糊的概念，了解所謂的幸福是如何隨著幾十年的進展而變化。這類調查中有一項提供了取自六十萬名美國人的數據，結果顯示二〇〇五至二〇一五年之間，美國的憂鬱症確實變得普遍。這現象在青少年之間尤其明顯，幾乎成長了近四十％。

一項法國的研究發現，二〇〇五年患有憂鬱症的人要比一九九〇年初期更多，不過這個研究結果的漲幅不大。澳大利亞所做的一項全面研究，估計一九九八年約有六．八％的人口患有憂鬱症，相較於二〇〇八年的一〇．三％，經過十年增加了將近兩倍。德國研究人員檢視一九九七至二〇一二年得到的結果，發現二〇一二年憂鬱的人口和一九九七年一樣多。在日本，據估計二〇〇三至二〇一四年之間患憂鬱症的人增加了六十四％。而這些現象的主要原因似乎與更多人尋求協助有關，所以增加的數據並不必然意味著有更多人罹患了憂鬱症。WHO發表聲明指出，二〇〇五至二〇一五年間，全世界患有憂鬱症的人口有所增加，但大家可別忘了，同樣這段時間世界人口也增加了十三%。

我很清楚，各位看到這一長串數字和統計資料可能更糊塗了，至少我自己就是這樣。要知道，研究並沒有明白指出一個特定方向。有的顯示當今全球有更多人患有憂鬱症，而另一些則指出就算有增加也是數量有限。不同時間的研究成果難以比較，又更進一步地攪混一池水。畢竟，沒有任何血液檢測、基因或X光檢驗能獨斷決定你是否患有憂鬱症。研究全都是建立於詢問某人感覺怎麼樣的種種問題上，而且並不像X光造影、驗血或驗基因，光是用字遣辭就會改變意義。如果我們每隔十年問一千名瑞典人是否經常覺得心情低落，他們的回答將會反映出那個當下「心情低落」是什麼意思。的確，一九七〇年代那時候所表示的「如此這般」，放在現今的時空裡意思完全不是那麼一回事。只要回望一九九〇年代，我還在讀高中的那段時間，毋須更往前回溯，當時看到「精神科」這個詞彙，會讓我和多數人都聯想到拘束衣和封閉病房，正因爲這樣讓很多人不願意尋求精神科協助。而今卻有更多人很願意談論心理疾病，這是件好事，但也妨礙了與過往歲月所做的調查作比較。

試圖找出現今是否有更多人實際得到憂鬱症，看來幾乎是不可能的任務，但我決心不放棄，而且還要更努力挖掘。讀了大量研究、論文和報告，我發現大多數嚴謹的研究，運用了不容易隨時間而改變意義的問題，也把大量參與者的客觀症狀估算進去，而這些研究都指出其間並無明顯差異。其中青少女是個例外，有相當多研究顯示，憂鬱症及焦慮在過去十年的確有所增加，就像我在前面章節談到的孤寂。

除此之外，不可能區分現在憂鬱的人是否比二十或三十年前更多。注意力不足過動症（簡稱ADHD）和自閉症的診斷也一樣，最全面的研究顯示，雖然診斷的數量大幅上升，並不是由於發生的例子增加。這不必然表示如今被診斷出來的人太多了，而且恐怕二十年前應該被診斷出更多人。

不管怎樣，我們可以說憂鬱症的數量並沒有減少，這才是眞正應該關注的事情。之所以這麼說，不只是因爲現今得到用藥及治療的人要比幾十年前還要多更多，近代的醫療發展更可說是突飛猛進。

之前已提過，二十世紀可見到傳染病的治療已有長足進步，而且醫療發展的進步趨勢並未停歇。即便人類已經能夠大致克服感染症不死，但心臟病發作及癌症卻開始奪去多數人的性命，不過就算是這些疾病，我們也看到了治療效果已大幅改善。在瑞典，心臟病發作的死亡率從世紀之交以來降了超過五十%。在一九八〇年代，每十人就有四人被診斷之後十年還能存活，如今這數字已來到每十人就有七人，表示我們可以活得更久。放眼全球，自從一九九〇年以來平均餘命已增加了七年。在瑞典、歐洲和日本，同一時段裡這個數字已增長了五年，也就是說，每年增加兩個月。而且我們還不只是增加了活下來的歲月，同時也增加了更多年的健康生活。

經濟和醫療發展與時俱進。瑞典的國民生產毛額自一九九〇年以來已增加了幾乎百分之百：我們已變成兩倍富有。無獨有偶，德國的經濟在一九九七年至二〇一二年間也成長八十%，美國經濟在一九九〇年至二〇一八年間幾乎翻三倍。

但是就算是有了這些了不起的醫療和經濟發展，我們心理上好像並沒有覺得更棒。最令人驚訝的大多數人對此視而不見、不去反思爲何會這樣，畢竟每一個意識型態、宗教，還有政治團體的宗旨，不都是要創造幸福讓人類覺得更美好嗎？

如果你不理解經濟跟人們的感覺會有什麼關係，請試著去問一位頭腦清楚的資本主義信徒：爲什麼我們要在乎經濟發展如何？他可能會跟你說，那是因爲如此一來我們就可以享受人生。而且，如果你不知好歹地問，爲什麼我們應該要享受人生？他大概會告訴你，這麼一來人就可以感覺更美好。然而，顯而易見地我們並沒有覺得生活比較好過，不論我們擁有的東西有多好、有多棒，實際上卻感覺生活相當難挨。

## 我們的確能做點什麼來減少憂鬱症

就算有各式各樣的進步，今日人類似乎並不比二十年前感覺更好，眞令人沮喪。無論醫療及經濟有何進展，我們的感覺會一直和以前一樣，要想改變這點而做的任何嘗試都是徒然。可是身爲一名精神科醫師，我拒絕接受這個說法。藉著治療、運動和用藥，我已見過夠多的人不僅從憂鬱症和焦慮中恢復過來，也學會如何預防這些狀況，爲此我相信那絕對不會是白費功夫。雖然，人類是否比二十年、兩百年或兩萬年前感覺更好或更糟，這問題的結果取決於此時此刻我們採取了什麼行動。

當然，我們不能靠預防注射把一切心理健康問題排除在外，我想本書寫到這，讀者應該都同意這作法並不實際，雖然如此，我們還是能夠感覺好很多。如何確保這點是個複雜的問題，必須從多個觀點加以考量。有個重要的觀點經常會被忘記，那就是舒茲曼與薛佛林的發現有其矛盾之處，憂鬱症在現代狩獵採集社會並不常見，即便他們生活在物質艱困的環境裡。

他們的**生活型態有某個東西可提供保護不罹患憂鬱症**，或者反過來說，我們的生活型態有什麼會使我們更容易罹病。我認爲那「什麼東西」**最重要的是體能活動，以及花時間和別人相處**。仍舊過著狩獵採集生活的人，往往需要每天走一萬五千至一萬八千步，而且有兩到三個小時從事體能活動，其中可能有一小時相當激烈。這些人也擁有強大的社會連結，並且彼此緊密靠近過生活，這些因素皆能保護他們對抗焦慮和憂鬱症。除此之外，他們絕少抽菸，較少接觸環境毒素，而且不像我們吃那麼多的加工食品。他們也工作較少，活在更爲平等的社會裡。

## 回到遠古生活，我們會比較健康嗎？

這些因素所扮演的珍貴角色當然是難以量化。然而，我們能夠藉此了解體能活動，以及較少孤寂感具有關鍵作用，而且有些看似很小的改變就可以幫助很多人，避免落入需要爲心理健康問題接受治療的狀況。請想像一下，如果我們可以更常運動，把每天走的步數增加到一萬步，並且重視和實際增加與人會面的次數，而每位不覺得孤單的人可以每週撥出一小時幫助感覺孤寂的人……接下來會發生什麼事呢？依據前文我所講的那些研究，我們也許可以有個大概的想法，研究人員算出二十％的憂鬱症是由孤寂導致，而且全部憂鬱症中有十二％可藉由更多的運動避免。從全球觀點來看，那就表示憂鬱症的人口可以減少多達一億人。

不只憂鬱症減少，我們說不定還能得到更多的好處，像是已達到西方國家退休年齡的當代狩獵採集者，他們的身體極為健康，過重和肥胖的情況十分罕見、高血壓患者也相對稀有、第二型糖尿病人非常少，根本難以取得統計數字，甚至找不到有誰罹患此症。玻利維亞提斯曼族的八十歲族人，血管狀態就和五十五歲的西方人沒兩樣，沒有一個人需要吃降低血壓或血脂的藥（這點很值得注意），也沒人需要監測血糖或做健康檢查。當然，他們也沒法享受自來水和電力供應。

即使缺乏一切形式的健康照顧以及絕大部分的基礎建設，當代的狩獵採集者的體能狀況還是十分良好，而且他們的情緒幸福看來也是同樣優秀。憂鬱症並不常見，即使他們沒有治療師也沒有抗憂鬱劑，大多數成年人幾乎都曾經歷痛失兒女的傷悲。如果我們突然不能得到一切健康照護、抗憂鬱劑及治療，而且幾乎所有成年人都曾有小孩夭折，先進國家人民的身體和情緒健康會是如何？這個問題實在讓人不敢想像。

## 人類並不是設計成要感覺良好

近二十年的行醫生涯讓我了解，人類的健康和情緒福祉並不能藉由壯闊的研究獲取最大利益，或是藉由給更多人使用精神科用藥以獲得好處。從像是共享經驗，鼓勵人們再多走幾步路，或是更常去拜訪所愛的人……這類老派且低技術的方式，說不定更可以見到最大功效。

這在經濟方面也同樣適用。精神科醫師托馬斯．因塞爾（Thomas Insel）擔任國立心理健康研究院長達十三年，這是獲得世上最大贊助的精神科醫學研究單位，在他的領導下，獲得了兩百億美金的研究資金，眞的十分驚人。因塞爾在總結這好幾百億經費的影響力時表示：「回首檢討，我了解到雖然我覺得已成功讓許多很棒的論文得以發表……我不認爲因此進展而能減少自殺、住院，或是改善成千上萬患心理疾病病人的狀況，使他們復原……」

我們可以做各種深入大腦的研究，還可以培育出最先進的專家，但是如果無法與外界接軌、改善人們的生活，那麼終究都是枉然。一談到我們的身體和心理健康，高瞻遠矚放眼創新科技，以及驚人眩目的研究成果，並不是唯一要緊的事。同樣重要的還有：回過頭看看人類的演化歷史，並且分享智慧知識能提供如何避免憂鬱症及焦慮的更深層理解，如此就能提倡某些行爲，足以讓我們避免落入需要精神醫師協助的處境。我們無法重返大草原上的生活，但我們可從之前形塑人類的歷史情境中學到東西。

可是，如果人類並不是設計成要感覺良好，而且多數我們認爲是病症的情況其實是防衛機轉，那作爲心理醫師的我們又該幫助誰？屬於人生一部分的正常情感波動與該被診斷出來的病況，兩者之間的分界線又要如何劃分？何時感到心情低落變成了憂鬱症？害羞是什麼意思？社交畏懼症又是怎麼一回事？本書不能提供簡單的答案，只能說，如果你的生命被自己心理狀態侷限，就應該尋求協助。我們已經成功降低眾人願意接受的受苦程度上限，這或許可稱之爲進步，而且更多人主動尋求協助，並接受藥物及治療，自一九九〇年代以來這已幫助減少自殺率達三十％。我們能公開談論心理疾病，這件事本身就能拯救人命，緩和苦難。我相信，這樣的開放態度在解決問題上更勝它所製造的問題。不過，這樣也不代表就完全沒有問題，下一章我將更仔細地探討一個應該小心避免落入的陷阱。

Topic

近幾十年來，人類即便擁有了不起的醫療技術和經濟發展，我們好像並沒有覺得生活更棒、更美好。

# 第八章
# 人的命運直覺

無論你認為自己做得到還是做不到—你都說對了。

——亨利・福特（Henry Ford）

「我曉得自己遲早會落入像這樣的境地。我會得到憂鬱症只是時間早晚的問題。已經有好幾位親戚得了憂鬱症，所以我猜我的大腦裡的血清素太少了。」

我聽過太多病人說過類似的話，有些人說他們罹病是因爲缺乏血清素，還有一些人說是缺少多巴胺，甚至有少數人說他們有「不好」的基因。問題並不在於他們採用生物學詞彙來描述自己的憂鬱症或焦慮症狀——即使就我們所知，根本不會是血清素「太少了」這麼簡單。眞正的問題在於，他們把自己的困擾看成是某種命定的東西。

身爲人，我們有個弱點是容易相信事情無法改變、無可避免，這樣的心理癖好完全合乎自然。回想你小時候，或許還記得那是個和今日大不相同的世界——可能沒有智慧型手機、沒有網際網路，甚至沒有電視。但你是個例外，因爲對整個人類歷史來說，人的一生中並不會有那麼多的變化。人們童年時成長的那個世界，大致就和長大變老之後的世界沒什麼兩樣。大腦以及和它一起的人類心智能力，適應了幾十萬年之久，預期周遭世界並不會改變。傑出的全球健康教授漢斯．羅斯林（Hans Rosling）把我們相信世界「就是如此」的傾向稱爲人類的「命運直覺」。命運直覺不僅讓我們受騙上當，相信某些地區和國家被判定必須依循一個特定的歷史進程；它也讓我們受騙以爲自己無法改變，被判定要永永遠遠堅持一種感覺方式。如果我們透過生物學詞彙的三稜鏡：「太少」血清素，「過度活化」的杏仁核，或「不好的」基因等，來看待我們的情感生活，這個命運直覺就會滲入我們的思想中。

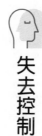

## 失去控制

假設你決定要做一次基因檢測，付錢後收到一個小包裹，裡頭有一個試管要你吐口水然後寄回去。過了三個星期你收到一封電子郵件，說你的檢測報告已經準備好了。你惶恐地登入，讀到上頭寫說你的ＤＮＡ裡有二·二％來自尼安德塔人。你的母系源頭可追溯至一萬一千年前住在中東的某位婦女。她是你的曾曾曾曾（乘上四百二十次）曾外祖母。這東西真的很酷，至少你（我也是）很容易對這類事情著迷，不過也許並不會改變人生。你捲動螢幕來到「健康風險」這個部分，上頭說你罹患心血管疾病的風險多了三十％。這並不是什麼有趣的內容，不過也沒什麼大不了的，因爲你爸爸那邊有很多親戚都曾遇過心臟病發作。

現在你面臨的問題是要怎麼應對剛才收到的訊息。你可以說，心臟病發作的遺傳風險就是這麼一回事，不可能改變。然而，還是有一些風險因子可以發揮改善作用，而且你決定每年都要做健康檢查。不但如此，你還弄了一張健身房會員證，買了跑鞋，食品櫃不再有起司泡芙和小酥餅。如果你能設法堅持新的、更健康的生活型態，你的基因檢測報告就會是拯救你免於心臟病發作，並且是幫助你活更久的救命符。

你繼續在「健康風險」這段往下捲動，讀到你罹患酒精成癮的機率也比較高。這眞是出乎意料之外，因爲就你所知，家族裡並沒有人出現過酒精方面的困擾。事實上也沒有人只因爲帶有潛在基因就變成酒鬼，得要有酒精才成，所以你可以拒絕酒精飲料來避免。於是你立刻把瓶子裡的酒倒進下水道，過新年時改喝不含酒精的氣泡飲料。這麼一來，你的遺傳風險就絕對不會造成什麼惡果了。一切盡如人意，皆大歡喜。可是事情眞的這麼簡單嗎？很不幸的絕非如此。

有一項研究，研究人員跟參與者說他們帶有一個會增加罹患酒精依賴風險的基因。這不是眞的，沒有人帶有那種特殊基因，但這個研究的重點在於，要找出參與者聽到他們變成酒精濫用的風險較高時會有何反應。結果發現，得到這個虛假訊息的受試者更難戒掉酒精。他們開始把酒精問題看成是一個無法避免的宿命。換句話說，他們的「命運直覺」抬頭主宰了。

你的基因檢測也顯示出你得到憂鬱症的風險比較高，就和心臟病發作及酒精濫用一樣，你可以說你的遺傳風險就是如此，無法改變，但依然有些風險因子是你可以發揮影響力的，你可以開始做運動，把睡眠放第一優先，留神避免過度壓力，還要花更多時間陪伴親愛的家人。這麼一來，那訊息就可能剛好救了你，讓你不會得到憂鬱症。

同理，我們若是發現自己帶有罹患成癮的遺傳風險時，也會更難戒除酒精，而罹患憂鬱症之遺傳風險訊息似乎也會影響我們如何看待自身的恢復力。在該研究中，研究人員跟一組患有憂鬱症的人說，這全是因爲大腦裡的某個東西所造成，那些人對於他們恢復的可能性就更加悲觀了。在處理個人感受的能力方面，也顯示他們的自信心萎縮，覺得自己要耗費更多時間才能好起來。「我再怎麼做也沒用，因爲我的大腦裡有些不對勁了。」他們幾乎這樣推論。他們被說服了，最佳治療就是用藥。一組患有廣泛性焦慮症（簡稱GAD）的病人，也被觀察到有相同的現象。如果向他們解釋，他們的焦慮是由於血清素太少，他們會覺得擺脫焦慮症的機會變小了——命運直覺占了上風。

就焦慮、憂鬱症和成癮症的生物學觀點來看，若是把重點放在基因及神經傳導物質劑量異常，似乎會讓我們認爲這些情況難以避免，最糟糕的是這個想法會變成自我實現的預言。如果我們的情緒生活是由多巴胺、血清素或杏仁核來主導，就會認爲它們是不能改變的，彷彿被嵌入石中難以撼動。

若我們理解到我們的感受是有個生物學基礎，也許聽起來前途晦暗不明，命運直覺要將這些固定化，但還是存在有效的解藥，那就是知識。前面提到的一項研究中，研究人員讓受試者觀賞一段影片，並解釋道：雖然基因確實會影響我們罹患憂鬱症的風險，但它們並不能決定我們是否會罹患憂鬱症。那影片強調大腦更像是還在塑形的黏土，而非已經燒製好的瓷器。它是可變的（可塑的），而且依照我們如何過自己的人生來決定它的運作方式。我們的睡眠量多寡、是否做運動、是否曝露於長期且無法預料的壓力、是否和朋友會面，或是否去做治療……這一切都會影響大腦的運作。影片提供富豐的知識，顯示如運動這類的活動影響大腦產生化學效應，甚至改變大腦的基因如何被使用。看過影片之後，受試者覺得比較沒那麼悲觀了，而且突然間感覺脫離憂鬱症的機會增加了。你可能會認爲那部影片並不科學，充滿誇張的說詞，但並非如此，該影片呈現最新的知識，而且並不冗長，不致使人昏昏欲睡，僅是一段七分鐘長的YouTube短片。

## 關於知識的知識，就是解答

我們現在正處於一場科學革命中。每過一天，我們就越來越了解心智能力和感受是由大腦生成，並且了解大腦是怎麼被DNA及外部環境形塑而成。此等知識可以解開萬事萬物的神奇潛能，從健康照護到福祉到教育，不過重要的是它得用不至於造成傷害的方式呈現。對於遺傳學及大腦的研究不是在講必然性，而是可能性。問題在於人類往往採取非黑即白的想法，而不是深淺不一的灰色調。「憂鬱症風險增加」和「保證會得憂鬱症」是兩碼子事，可是往往我們能理解到的是後面這個說法。

儘管深入大腦的研究進步飛快，但大腦其實一直在原地，哪兒也沒去。基本上這一萬年間大腦並沒有什麼變化，所以我們更怕蛇和蜘蛛而不怕香菸和汽車，而且把世界看成是靜止不動的。因此，關於人類「在帽子底下」如何運作的大量醫學發現，將會由一個不善於解讀醫學研究文章裡統計可能性的大腦來應付。爲了避免關於大腦的這些新知識讓我們把自己看成要比實際上更受生物學基礎控制，我們需要自我教育用科學化的方式思考。這需要練習，不過其實並沒有那麼難。看過饒富教育性的七分鐘短片，受試者對他們自己處理情感生活的能力更有信心，而且看過短片之後六個星期，效果還在。

換句話說，知識是解決之道。而且並不只是關於大腦如何運作的知識，也是關於爲什麼如此運作的知識。自我教育大腦最重要的任務是要促進生存，而且它已適應要在極度不穩定的世界求生存，我們了解到所謂心理疾病的緩和形式並不必然表示我們生病了，更不會是哪裡壞掉了。

## 你得到的診斷並不是你

如果我們要挑選一個最能將人與動物區分開來的特質，說故事的能力是個不錯的選擇。人類的大腦一直在試圖爲我們的經驗找出一個解釋，而且持續不斷在創造故事，好讓各個事件串連在一塊兒，想方設法讓故事將我們的生活連貫統整，好讓人能夠了解，能夠預測。

我的工作有時會見到一份精神科診斷變成那樣的故事。某些人會認同他們的診斷，並開始把自己看作是「生病的人」。對他們而言，診斷成為一種身分認同。我實在無法苟同，因為如此自視會觸發命運直覺，使自己落入自我實現的預言。每一次我遇到這類病人，我會解釋焦慮和憂鬱症兩者皆為一種徵兆，表示大腦能正常工作。此外，經驗過嚴重焦慮的人，每一位都不同。人類要比任何診斷所能解釋的更加複雜得多，診斷並不能傳達出關於你的一切訊息；你並不全然是診斷書上的那個人。如我常說的，感受會變，而且人類正應該如此，要不然感受就沒意義了。對於我們比較幽微的感受，這個道理也同樣適用——在你人生的某個時段感到無比焦慮，並不代表你會永遠這麼覺得。

Topic

人生的某個時段令你感到無比焦慮，並不表示你會永遠都這麼覺得。

# 第九章

# 幸福的陷阱

大腦不反應，它們預測。

——麗莎．菲爾德曼．巴雷特

（Lisa Feldman Barrett，情感科學教受暨研究者）

至此我們已把幾乎整本書都投注在探索為何大腦並沒有發展成要感覺良好，反而要持續為最壞做打算（所謂焦慮症），而且有時候還會把退縮當作是一種自我防衛機轉（所謂憂鬱症）。現在正是時候，反轉這套劇本，試著找出是什麼東西可以讓我們幸福。即使對此問題的學術研究（就是正向精神醫學）有所增加，而且幸福是Google網站上少數幾個比焦慮搜尋結果還多的詞，共計九億兩百萬條，卻仍然難以描述它眞正的意義。

很多人把幸福等同於感覺良好，他們將幸福看成是一種持續不間斷、愉悅且滿足的感受，然而在做研究時，往往是用生命引領的方向是否能讓我們滿意來定義幸福。這麼一來，就可將幸福看成擁有比較長期的意義，而不僅是持續覺得很棒。若你同意這個定義，為了幸福願意全力以赴，我認為最好是別去在乎是否幸福。把它全都忘了！我們越是不在乎是否幸福，就越有機會獲得幸福。

要知道，大腦並不喜歡走著瞧，它會試圖預測接下來要發生什麼事，然後把實際發生的事情與預期對照組合。舉例來說，假設你走進家中浴室，在你跨出步伐之前，大腦早就抽取出和房間有關的記憶，而且用觸發方式反映它期待找到什麼感官印象。

當你眞正踏進浴室時，你所見、所聞、所感，全都和你原先的預期做對照。如果這些印象與你大腦的預測相符就不需有所反應，萬一有所偏差，那麼你就會突然止步。

我們的生活是由無窮盡的一連串這些比較所構成，無論大小事，因爲我們的大腦會用實際發生的去評斷其自有的預測。二〇二一年春，有一群年長的英國人被問到他們的體能健康，認爲自己健康良好的人數占比要比前一年還要多。然而，這並不表示二〇二〇年流行病爆發期間這些人的健康確實已有改善。正好相反，有充分的理由相信他們的健康變糟了，因爲在英國有超過十萬人死於Covid-19，而且醫療量能超載，除了最緊急的醫療照護外，其他都低於正常表現。那麼，爲什麼他們覺得自己更健康？有個可能的解釋是，由於每天都出現讓人想到疾病和痛苦的事，於是他們的良好健康判斷標準調降了。隨著媒體報導一則接著一則加護病房及停屍間超載的新聞，他們不再認爲彎腰駝背、膝蓋痠痛或反覆頭疼算什麼嚴重問題。他們大腦的預測，也就是實際經驗所要比較的對象，已經變了，對於自己的健康看法也隨之改變。

如此一來，以神經科學的觀點來說，人類就是長成要把經驗到的一切都和自己的預測作比較，而不是對於實際發生的事情採取客觀立場。這聽起來好像理所當然，可是往往沒人注意到。當我在念經濟學時，教授通常上課一開場先這麼說：

「人類是一種理性的生物，總是喜歡更多而不是更少。」身爲一名內科醫生及精神科醫師，我很清楚這句話根本大錯特錯。我們並不是喜歡更多，而是更喜歡比鄰居多。我們過的日子好不好，是根據鄰居過得如何來判定。你的奧迪一開始很酷，讓你感到滿意，直到鄰居從車庫開出新買的特斯拉。

## 為什麼追求幸福不切實際？

人類演化成要將一切經驗都與個人預期做比較，正因此才不應費盡心力追求幸福。正如你在前幾個章節所讀到，幸福的感受本該一瞬即逝，要不然就無法實現激勵我們的主要功能。根據它從身體和環境接收到的資訊，大腦持續不斷更新我們的情緒狀態。從大腦的觀點來看，要它自我封閉於一個正向情緒狀態，好讓我們可以一直覺得很棒，就像是料理檯上的一串香蕉可以讓我們一輩子都飽足那樣不切實際。人類並不是那樣長成的，卻被騙得自以爲應該是那樣。

二〇一五年，可口可樂公司發起了一次大規模的行銷活動，這家飲料界的巨擘不再要大家「分享一罐可樂」，反而要我們「選擇幸福」。這則廣告傳送給幾十億人的訊息是：「幸福是我們所選，而且，我們不僅可以幸福，還必須幸福。」可口可樂並不是唯一一家企圖把自家產品和不切實際情緒連結起來的企業，其他還有：「從此幸福快樂」（家庭保險）、「幸福從這兒開始」（芥末醬）、「分享幸福」（食品）、「幸福自己來」（餐廳），以及「幸福時光」（乳製品）等。以上僅舉出幾個產品廣告詞，它們皆具有相同隱義：「幸福是一連串沒有盡頭的愉快體驗，而且可從個體選擇獲到。如果我們並不覺得幸福快樂，一定是什麼地方不對勁了。」

透過同樣的話術、書籍、課程及九億兩百萬個Google搜尋條目，提醒我們可以幸福，更該幸福，也就是說，要每天都覺得很棒。大腦將我們的主觀經驗與事實上不能達到的目標做比較也是如此——持續不斷的幸福並非人類的自然狀態。若是讓自己一直看到人們在夕陽下歡樂、浪漫、和諧的假象，對我們自身情緒的期待就會不切實際地升高。要是我們內在世界並不符合這些期待（根本沒人可以辦到），就會變得心情沮喪。我們憑著廣告認識這些極不切實際的幸福形象，就可能埋下會害我們不幸福的風險。這麼說並不只是推測。

如果要受試者在觀賞一齣喜劇之前先讀一篇文章，文中盡是吹捧快樂的好處，比起所讀的文章並未提及快樂的那組人，前面一組人看完影片更不快樂了。有個可能的解釋是說，談到快樂的文章會提升受試者的期待，隨之而來的就是希望電影可以讓人開懷大笑。一旦它並不如我們所想的那麼有趣，就會讓人失望。**如果我們沒有期待，就會把標準設得比較低**，看電影的感覺變得和期待相同甚至更高，這次經驗就會有好結果。

有趣的是，統計發現一個國家每年投入廣告行銷的經費越多，兩年後國民對於生活的滿意度越差。這不免讓人疑惑；廣告確實會讓我們把情感生活的期待設得過高、不切實際，導致失望及不滿足。有一句廣告詞可以把我們的期待設於比較實際的水準，也許確實可以對我們的幸福感有正向作用，那就是：「有的時候心情低落也沒關係。」不過這句話大概沒法賣出那麼多的汽泡飲料、芥末醬或家庭保險保單。和我們努力爭取的大部分東西不同，那些是投入的努力越多、成功的機會就高，對於幸福來說似乎真相恰好相反。我們越是追求幸福本身，它從我們的手指縫溜走的風險就越高。所以，若你想要快樂幸福，我所能提供的最好建議，就是別去在乎那些空泛沒有意義的訊息。把書闔上放一邊去，開啓廢話偵測器，留意每一篇YouTube上的演講，就連稍稍提到這個字都不成。

不過，除了別去管它，是不是還可以做些什麼，讓我們心情快樂起來？我不得不有所保留，有部分是因爲對我有用的，對別人不一定有用，而且有部分是因爲想要提供建議的話，很容易就落入講些難以反駁空泛廢話的深淵。不過，如果一定要冒這個險，我相信當代社會最危險的誤解就在於：幸福是由一連串永無止盡的愉悅經驗所構成。

不得不承認，我們並不曉得之前的人類祖先是怎麼看待幸福（「幸福」這個字可上溯到十四世紀，原本的意思是「好運」），但一定不可能是，在非洲大草原上巡遊的狩獵採集者認爲，幸福是一連串永無止盡的愉快經驗可賦予生命意義。綜觀整個人類歷史，我們目前對幸福的想像很奇怪，甚至連奇想都算不上。我們對於幸福的執著，還有幸福就等於無休止的愉悅感受的這個誤解，僅出現在近期的幾個世代，可是如果大多數人全都這麼想的話，就看不出這有多麼奇怪、多麼不切實際了。

就我而言，幸福既不是在講爭取一個安樂窩，或是淡化和我們自身不適有關的任何事情。在此同時，我算是唯物派的，而且大可承認要是我說便利和物質因素與幸福無關的話，絕對是在說謊。它們的重要性無庸置疑，不管是對我還是對幾乎所有人。我所聽過的最具建設性的定義是說，幸福是正向經驗及更深入省視你自己兩者的組合；深入視察你所擅長的事物，並研究這些特質如何用於協助自己、協助他人，這麼做的同時，你將成爲超越個人存在的更廣闊世界的一份子。對大多數人來說，一旦他們發現自己並沒有到達之前設定的目標，這時總算能夠恍然大悟，但是在這階段他們會努力達成一個超越自己的某樣東西，而他們就是在那兒找到那東西，若要賦予它一個更適當的字詞，那將可稱之爲幸福。

總結來說，幸福本身不應該被看成目標，而是某個更大脈絡的一部分。一旦我們了解生命中對我們而言重要的東西是什麼，並且以那爲基礎展開；一旦成爲對我們自己、對別人來說至關重大某物的一部分，幸福就會到來。大多數人都是這麼做，這並不特別讓人驚訝。畢竟，人類能倖存是依靠我們一起工作的能力。歷經大自然蹂躪而能活下來的那些人，也就因而成爲我們的祖先，是群體一起存活下來的。人類成爲地球上的優勢物種並不是因爲比較強，跑得比較快，或比較聰明，而是因爲我們善於一起工作。正因爲如此，我們無法忍受孤寂。

奧地利精神科醫師暨神經科學家維克多．弗蘭克（Viktor E. Frankl）被問到要如何設法掌握精神力才能經歷四個集中營（包括奧斯威辛）而倖存，他引用了哲學家尼采說過的話：「有活下來的動機，就能忍受活下來的條件。」有意義足以創造出如此動機的事情，大概就像世界上的人口一樣多不勝數，但有件事可以確定，那就是持續不停的愉悅並不算在內，因此千萬別去追求幸福。**幸福是個附加產物，當你不再心心念念想著它，反而是專注於覺得有意義的事情上，它就會出現。**

Topic

人類演化成要將一切經驗都與個人預期做比較，正因為如此才不需要為追求幸福而煩惱。

〈後記〉

# 大腦的任務是活下來

我清楚記得，彷彿是昨天才發生一般，當時我正就讀醫學系二年級。在冷颼颼的房間裡，不知何處有風扇在那兒兀自轉著，空氣中充斥刺鼻味，但是當我低頭凝望手中的人腦時，整間解剖室全都隱遁消散，我深刻感受到，人的一生全都在這兒了。眼前躺著的這位八十四歲的老先生，他一輩子所經歷的事情，全都在我手捧著的腦子裡。他所有的記憶、所有的感受、他這一生的每個瞬間，從出生到死亡，展現在這個連他自己都沒見過的東西裡，如今卻被我捧在手心。我手裡拿著的，基本上就是一個人的「自我」。我想到自己也有個腦子，而且它也包含了之前經歷過的一切，不禁爲之一震。童年時，第一天上學穿著讓人發癢老派衣領的襯衫；青少年時光；二十歲時在夏慕尼滑雪幾乎喪命……當下手捧著八十四歲老先生腦子的經驗，都在我的腦裡生成經驗。

我這一生全都發生在這個器官裡，重量僅有一公斤、看似緊緊擠成一團的肉腸，這個念頭實在令人著迷。即使耗費了數也數不清的時間努力嘗試，至今我仍然不能把它弄明白。不過，那天我明白了一件至關重大的事，之後的每一天都要提醒自己，提醒病人：大腦是個器官。而且，就和解剖檯上的其他器官一樣，大腦的設計就是要執行單一任務：活下來。

大腦會是現在這個模樣，並非憑空造成。它並沒有把這世界的原本面貌呈現給我們看。它並沒有讓我們記得事件實際發生的過程。它並沒有讓我們見到原原本本的自己。差得遠了！大腦會改變我們的記憶。它的運作是依據可能發生的最壞狀況，預想出悲慘的情境。偶爾它還會騙我們，讓我們誤以爲自己要比實際上更有能力，更受歡迎，有的時候則是誤認爲自己一無是處。實際上它不過是個力求生存的機器，內含一大堆設計瑕疵，如果以演化的觀點來看，往往會發現那其實是聰明無比的功能。

因此，大腦並非被動的中介者，不能只有醫師和研究人員感興趣，反而應該讓任何對自身內在運作有一點點興趣的普通人，都能夠一探究竟。在此同時，別以爲大腦能夠無中生有憑空運作。它是身體這個複雜、變動系統的一部分，不僅控制，還會從身體接收訊息。任何訊息只要是指出有威脅、有感染風險、孤立，或社會地位滑落，都會讓大腦製造出不舒服的感受。在人類已經活了好幾十萬年的情境中，就是這些感受導致提高生存機率的行爲使我們活下來，而且如今我們依然針對這樣的情境作調適。**如果我們認爲焦慮、憂鬱症，以及想要退縮的欲望代表大腦無法運作，或是生病了，眞相其實是我們忘記了它最主要的功用是力求生存。**

對於憂鬱症和焦慮症，最常聽到別人講的就是：「都是腦子胡思亂想。」在我小時候，這代表著人們認爲你應該「打起精神振作起來」——眞不知道有誰聽到這種說法會覺得有所幫助。到了現在，這句「都是腦子胡思亂想」變成了表示「腦裡的血清素太少」。雖然算是往前邁進一步，人們不再對這些狀況視而不見，卻有風險會造成自我實現的預言。是時候把「都是腦子胡思亂想」改成「都是大腦還有身體導致，而且這通常表示一切都運作得很正常」。

在當今衣食無缺、便利的時代，我們儘管過得舒適，感覺卻更糟，我認爲其中原因是大家都已經忘掉了人類也是生物。我寫這本書，就是想提醒各位人類擁有的生物基礎，讓大家了解我們的情感生活是如何形塑而成，作法就是「把蓋子掀開」瞧瞧裡頭是什麼狀況。既然要談的主題是關於人類福祉，就必須有所取捨，因此我刻意設定重點只擺在生物學與大腦的層面，而沒有進一步涉入社會科學的解釋模組。

憂鬱和焦慮都不是因爲社會階級區分、排擠、不公不義且與失業無關，而是因爲我們忽略了人類的生物性。

除了強調人類情感中許多人會低估其價值的兩個深具影響力的關鍵成分，也就是體能活動，還有孤寂預防，我都忍住不提供許多的祕訣或建議。我試圖呈現一種觀看自我、觀看自己情感生活的方式，但願如此作法能讓你得到屬於自己的重要結論，而我從經驗裡了解到，這麼一來既能心存寬容又可避免誇飾做作。不過，話雖如此，我還是想提出若干建議，所以我把從大腦的角度看自己所得到的重大體悟歸納成十項要點。

## 我的十大體悟

❶ **你是倖存者。**人類不是生來追求健康或幸福，而是要追求生存、繁衍。一直感覺良好是個不切實際的目標，人類的生物學構造並不是這樣打造而成。

❷**會有感受是爲了影響你的行爲，而這些感受本來就會變**。大腦把內在歷程和外在歷程統整起來，就成了感受。身體的內部狀態對我們的感受有更大影響，遠超過大多數人所能想像。

❸**焦慮和憂鬱症往往是防衛機轉**。它們是人類天性的正常部分，並不表示你不健全或生病，而且這些狀況和人格特質的缺點毫不相干！

❹**記憶是可變的，也應該要變！**在安全空間裡講述創傷事件，表示這些記憶會移轉，並且變得比較不具威脅。

❺**缺乏睡眠、長期壓力**。久坐不動的生活型態及過度接觸社交媒體上別人修飾過的虛假美照，身體會發出風險信號，讓大腦把它們解讀爲危險逼近或比不上別人。大腦的回應告訴你要退縮，並且讓你覺得心情低落。

❻**體能活動可防護憂鬱症和焦慮**。人類天生就要動，如今我們都動得太少了。

當然，發懶不想動再正常不過！

❼**孤寂已被發現和一系列的疾病有關**。只要一些小改變就能挽救危機。從健康的觀點來說，數量少但關係親密的朋友說不定會比一大群泛泛之交更有益身心。

❽**遺傳基因很重要，可是環境往往更重要**。千萬別以爲遺傳的條件定下來就代表事情沒有轉圜的餘地。過生活的方式會影響到大腦的運作。

❾**幸福不幸福，別去想太多！**期待一直都是幸福快樂不僅累人又不切實際，還會有反效果！

❿**最重要的是——如果你覺得心理不舒服，應該尋求協助**。這並不會比肺炎或過敏症還怪異或不尋常。有人可以幫助你，你並不孤單。

Eurasian Publishing Group
圓神出版事業機構
用心與你對話・網野無限寬廣
究竟出版社
Athena Press

www.booklife.com.tw　reader@mail.eurasian.com.tw

心理 076

# 你的大腦有點Blue：史上最舒適年代，爲什麼還是焦慮不安？

作　　者／安德斯　韓森（Anders Hansen）
譯　　者／崔宏立
發 行 人／簡志忠
出 版 者／究竟出版社股份有限公司
地　　址／臺北市南京東路四段50號6樓之1
電　　話／（02）2579-6600・2579-8800・2570-3939
傳　　真／（02）2579-0338・2577-3220・2570-3636
總 編 輯／陳秋月
副總編輯／賴良珠
責任編輯／張雅慧
校　　對／張雅慧・柳怡如
美術編輯／李家宜
行銷企畫／陳禹伶・鄭曉薇
印務統籌／劉鳳剛・高榮祥
監　　印／高榮祥
排　　版／陳采淇
經 銷 商／叩應股份有限公司
郵撥帳號／18707239
法律顧問／圓神出版事業機構法律顧問　蕭雄淋律師
印　　刷／祥峯印刷廠
2022年9月　初版



定價 320 元　ISBN 978-986-137-380-5　

教育大國瑞典帶給全世界的震撼之作！
爲什麼越來越多科技名人禁止家中孩子使用3C產品？
注意力喪失的時代，你不得不面對手機依存問題！
本書揭露驚人眞相！小心網路這樣「駭入」你我的大腦

——《拯救手機腦》




國家圖書館出版品預行編目資料

你的大腦有點Blue——史上最舒適年代，為什麼還是焦慮不安？／安德斯・韓森（Anders Hansen）著；崔宏立 譯.
-- 初版. -- 臺北市：究竟出版社股份有限公司，2022.09
232 面；14.8×20.8公分. --（心理；76）
譯自：DEPPHJÄRNAN
ISBN 978-986-137-380-5（平裝）
1.CST：情緒管理
176.5　　111011132